浅羽通明

JN227618

右翼と左翼

GS
幻冬舎新書
001

右翼と左翼／目次

プロローグ 本書の読み方

この小著は、「右翼」と「左翼」についての本です。

「右翼」と「左翼」、また「右派」「左派」、「右寄り」「左寄り」などともいう表現一般が扱われます。

テレビや新聞のニュースを見ると、「安倍晋三政権は右寄りだと外国新聞が報じた」とか「加藤紘一の実家に放火した右翼」とか「ヨーロッパ諸国の中道左派政党」とか「中南米の各国で左派政権誕生」とか「ベルギーで移民排斥を叫ぶ極右勢力台頭」とか「フィリピンで極左活動家逮捕」とか、日々、「右」「左」の文字が目に入りますね。

すなわち、本書のテーマは、こうした政治的、思想的な立場、傾向を表わすときに用いられる「右―左」という対立軸です。この対立軸がどういうものかを、とりあえず「わかりたい」という人へ向けて本書は書かれました。

「右翼」「左翼」など、ごく常識的な表現であり、わざわざ新書一冊を費やして解説するほどのものだろうかとお思いの方もおられるでしょう。しかし、後述（一八頁）のように、現代の若い世代にとっては決してそうではありません。

いや、一応は理解できているという人でも、ちょっと突っこんで考えてみると、よくわからなくなってくるのが、この対立なのです。たとえば、ヨーロッパ各国で、移民排斥を叫ぶネオ・ナチ的勢力は、「右派」「極右」と呼ばれます。イスラエルの対パレスチナ強硬派も同様に「右派」です。排外的なナショナリストは普通、「右」とされますから。しかし、それでは、韓国や支那で激しい反日運動が起こったとき、そうした動きを「右傾」化とか「右翼」の台頭とか呼ぶでしょうか。絶対、いいませんね。盧武鉉《ノムヒョン》政権は、異論なく「左派」政権とされています。

また、日本では「左翼」は、憲法九条を護《まも》り反戦平和の主張をする人々とイメージされるのが普通です。では、ミサイルや核で近隣を騒がす北朝鮮は、その反対で「右翼」的な国なのでしょうか。最近の支那が、軍備増強していると警告する人もいます。彼らは、支那の「右傾」化を憂いているのでしょうか。そうした表現もまず聞きません。

本書は、第一章で、「右翼」「左翼」「右」「左」という区別が、よくわからなくなっている現状、日本人の従来の理解自体、どこか「右」「左」の本質を把握していなかった事情を、「右」「左」本来の定義を探りながら明らかにしてゆきます。

手っ取り早く、定義を知りたい方は、この章だけでとりあえずの結論は摑《つか》めます。しかし、辞書的な概念の整理も少なくなく、ちょっと退屈かもしれません。

第二章から第三、第四章では、「右―左」の対立軸が、史上初めて生じた十八世紀末のフランス大革命（第二章）から、この対立軸が、政治や社会思想の中心をなした、十九世紀から二十世紀にかけて（第三、四章）の歴史を追いながら、この対立のもっとも根幹をなす価値の対立がどこにあり、その他の枝葉的な対立がいつ頃、どう派生していったかを解きほぐします。

続く二つの章では、特に混乱を生じやすい問題を取り上げます。すなわち第三章では、「自由」と「平等」という価値が、あるときは「左」のあるときは「右」のものとされてゆく経緯を、第四章では、「ナショナリズム」と「インターナショナリズム」があるときは「左」あるときは「右」の主張であった事情を、歴史のなかで明らかにしてゆきます。近代の世界史がお好きな方は、これら三つの章から読めば、入りやすく、理解も容易かと思われます。

続く第五章と第六章は、日本篇です。

第五章では、明治維新以後、近代日本における「左」と「右」の発生と戦前における展開を辿《たど》り、その日本独自の特徴を明らかにします。

第六章は、その戦後篇です。日本的な「右」「左」の特殊性にさらに戦後日本特有のゆがみが加わって、現在まで続く私たちの「右」「左」イメージが形成されていった過程を解明します。冒頭、また第一章で提起した「右」「左」はなぜわかりにくいかをまず考えたい方は、ここから読まれてもよいでしょう。

日本の近現代に興味がある方は、第五、第六章から読めば、親しんでいる歴史的事件や人物に即して、抽象的な思想史の理解へスムーズに入ってゆけるかと思います。

第七章は、日本の現状です。現在の「右」「左」が孕《はら》む問題点を明らかにしてますので、時事的関心から、「右」「左」へ関心を抱く方は、ここから入り、第五、第六章へ遡《さかのぼ》るのが、わかりやすいかもしれません。

歴史的背景へ遡って理解し直す作業を通じて、「右―左」という対立軸をあなたが世の中を考えるときの、より使えるツールとする。それこそ本書がまず目的とするところです。

しかし、目的はそれだけではありません。「右翼」と「左翼」、「右」と「左」を知るとは、それらを発生させ、重要な価値の指標としてきた「近代」という時代、またそんな世界史へ巻きこまれた日本のここ百数十年を把握することに等しいはずです。

すなわち、「左翼」「右翼」「右」「左」へのあなたの疑問、興味を糸口として、歴史観を基に世界と日本の現在を考え、価値観を模索してゆくおもしろさを伝える。これもまた本書の目指すところであります。

それは当然、自分を世界のなかへ位置づけ、あなたの生きる知恵を豊かにしてゆく一方策となるでしょう。

第一章 「右」と「左」とは何か

——辞書を引いてみる

「右翼」「左翼」って何ですか?

「そもそも、何を基準に『右』とか『左』とかいうんでしょうか?」

「『右翼』『左翼』って何ですか?」

学生など若い人から、こんな素朴でストレートな質問をしばしば受けるようになったのは、ここ十数年のことでしょうか。

私は、二十年以上、資格予備校で「憲法」や「政治学」を教えたり、大学で、「日本現代文化論」といった科目の講師をやったりしてきました。

するとテキストに、「右—左」という軸上に、政党とか政治思想を位置づける図式が載っていたり、講義のなかでどうしても、「右よりの評論家」とか、「左翼運動」「新左翼」といった表現を用いる場合があるわけです。

こちらとしては、「右」「左」くらい、日常用語とはいえないまでも、テレビのニュースや新聞記事と接しているならば、漠然とであれ知っている一般教養だと思って、口にしていました。

ところが、これが通じない。

思想はおろか、政治や社会のニュースにもほとんど興味を持たない若者はいつだっています。むしろそれが彼らのほとんどでしょう。しかしそういう連中は、そも熱心に質問をしたりしませんね。そういう人たちではない、政治、社会問題とか思想とか哲学とかにかなり関心を抱き、こちらの講義にも比較的、耳を傾けるタイプの学生、若者が、「右」「左」、「右翼」「左翼」とは何ですかと、素朴かつストレートに問いかけてくるようになったのです。

「右―左」がよくわからなくなった現代

私は、彼らがどこがなんでわからないのかを逐一、問うて確かめながら、彼らの腑に落ちるような解説をそのつど試みてきました。

ここ十数年来、それまではけっこう通じた「右」「左」といった表現が、急速に通じなくなった。これには、どうやらそれなりの理由があるようです。

一つは、賢明な読者諸氏ならばもう悟っておられるように、十数年まえの冷戦終結、ソ連崩壊、国内でいえば、いわゆる五五年体制（保守政党が「右」とされた自民党ただ一つのみで、最大野党は日本社会党という社会主義＝「左翼」政党だった体制）の終焉《しゅうえん》以来、「右―左」という軸によって、政治的立場や政党、社会思想などをすっぱり分類するのが、従来以上に難しくなった事情があります。

かつて国際的には、旧ソ連や中華人民共和国は「左」「左翼」とされていました。あんなのは本当の左翼じゃないなどと主張する「新左翼」などといわれる人もいましたが、そういう人々だって、「旧ソ連は左翼」とされている一般論をあくまで踏まえた上で、そう批判していたのです。そして、ソ中と対決していたアメリカは一般的に「右」とされていました。

しかし現在はどうでしょう。地球を覆いつつあるといわれるアメリカ資本主義は、「右」でしょうか。そう語る人もいます。しかしそれでは、アメリカと仲が悪いイラクやイラン、イスラム原理主義勢力は、「左」「左翼」なんでしょうか。あまりそうはいいませんね。

国内でも、かつての日本社会党＝現・社民党は日本共産党とともに弱体化してしまい、いま自民党と正面から対決しているのは民主党です。自民党と民主党、どちらが「右」でどちらが「左」なのか。よくわかりませんね。

それでは、「右」「左」、「右翼」「左翼」といった分類の方法は、知っていてももう役に立たない、使えない過去のものなのでしょうか。

だとしたら、現在の知的な若者が知らなくたってかまわないと片づけてしまえそうです。

実は従来からよくわからなかった「右―左」

だが、決してそうともいい切れません。

「右」「左」、「右翼」「左翼」といった表現は、政治学や文化論といった特殊な講義などでなくとも、ニュースなどでもいまなお、用いられています。プロローグでも述べたように、海外の政治をめぐって、選挙の結果、左派、もしくは右派が勝利したとか勢力を伸ばしたとかの記事は、毎日のように見かけます。国内でも、民主党の左派などといった表現をときたま目にするでしょう。

実のところ、「右―左」という分類は、まだ意義を失ってはいないのではないか。ただ、かつてのように、「右」＝自民党、「左」＝社会党や共産党といったわかりやすいものではなくなっているため、「右」「左」とは何か、「右翼」「左翼」って何？という問いが、あらためて一から投げかけられているのではないか。

そう考えた場合、「右」「左」、「右翼」「左翼」という表現が、若い世代には、従来のように常識として通じるとはいえなくなったもう一つの理由が浮かび上がってきます。

すなわち、従来、政治のニュースを興味を持って観たり読んだりする人だったら、常識的に抱いていた「右」と「左」、「右翼」と「左翼」のイメージが、実は、ちょっと突っこみを入れると、わけがわからなくなってしまうような、かなりあいまいで、混乱錯綜したものだったのかもしれないという理由です。

かつてだったら、皆のあいだでなんとなく共通了解ができてしまっていたから、そのあいまいさ、混乱が表面化することもなかったけれど、そうした了解を必ずしも共有していない新しい世代が、一から理解しようとすると、これが実はなかなかわかりづらいものだったというわけです。

そうであるならば、若い世代の疑問にまっすぐ応えるかたちで、まっさらなところから「右―左」「右翼―左翼」といったいい方が何なのかを、この際とことん解きほぐし解明しておくよい機会ではないでしょうか。

そうした店卸《たなおろ》し、洗い直しの作業を経てみれば、「右翼―左翼」「右―左」といった分類法が、本当に古くなったのか、なぜいかに古くなったのか、その後、何が新しくとって代わったのかなどが、よりはっきりと見えてくるかもしれませんし。

「右」代表・小林よしのり？「左」代表・朝日新聞？

さて、「右翼と左翼って何ですか」と素朴に質問してくる世代といっても、彼ら全員がこれらの言葉をまったく聞いたことがないとか、聞いても何のイメージも湧《わ》かないというほどでもないようです。

私は折にふれて彼らに、「右」「左」「左翼」「右翼」と聞いて、どう思うか、どんなイメージを連想するかを尋ねてきました。調査というほど大げさではないですが、簡単なアンケートをとったことも幾度かあります。

そうすると、「右」「右翼」の代表として幾人かの人物がよく挙がってきます。

まず、小林よしのり氏。『ゴーマニズム宣言』シリーズの一環として、『戦争論』三部作を、一九九〇年代後半から新世紀にかけて放ち、大東亜戦争において日本は完全に正しかったという論陣を張って、論壇を根底から揺るがせたマンガ家ですね。テレビの討論番組などにもしばしば登場して、その主張を堂々と訴えています。

小林氏が一時、強くバックアップし、マスコミなどで脚光を浴びた「新しい歴史教科書をつくる会」という団体も、「右」「右翼」の代表としてよく挙がります。近代日本の歴史を、ずっとアジアへの侵略者、加害者であった糾弾されるべきものでしかないとする多くの教科書を、「自虐史観」だとして批判し、日本を基本的に肯定して描く教科書を作ろうとする知識人グループです。そのなかでは、テレビ討論などにもよく登場した西尾幹二《にしおかんじ》氏、リーダー格の藤岡信勝《ふじおかのぶかつ》氏が「顔」でしょうか。

彼らと並んで、西部邁《にしべすすむ》氏の名も挙がります。「保守思想」を掲げて、「左翼」「左」とされる知識人やマスコミを、理論的に批判してきた人で、やはりテレビ討論でおなじみですね。

他では、石原慎太郎東京都知事なども「右」「右翼」としてイメージされているようです。昭和の末、『NO」と言える日本』(光文社)というベストセラーをだし、アメリカにもアジアにも臆《おく》さず主張ができる、経済・技術・軍事いずれも自立した日本であれと訴えた氏は、都知事となってからも、防災訓練で銀座に陸上自衛隊の戦車を走らせるなど、いわゆるタカ派ぶりを隠しません（タカ派とは、自分の主義主張を貫くため、外国などと妥協せず、時には武力行使も辞さずに強硬的に事を進めようとする立場をいいます）。

故人で、「右」「右翼」代表としてもっとも名前が挙がるのは三島由紀夫でしょうか。もう三十数年も昔、私設軍隊「楯《たて》の会」を率いて自衛隊市谷駐屯地へ闖入《ちんにゅう》し、クーデターを呼びかけ、叶わぬと知るや日本刀で割腹自殺した昭和を代表する作家ですね。作品でも、日本の伝統美や天皇への狂おしい情念を詠《うた》いあげた小説やエッセイを多く残しています。

もう少し、戦後史などにマニアックな関心がある学生からは、故児玉誉士夫《こだまよしお》（一五〇頁参照）などという名前がでてきます。三十年ほどまえ、田中角栄元首相らが自衛隊の戦闘機や旅客機買い付けに関して、ロッキード社から多額の賄賂《わいろ》を受領した事件で、その名が現われた人物です。戦時中は軍部の物資調達、戦後は自民党の裏金作りに暗躍したとされます。この人物、戦前から一貫して自他ともに認める「右翼」として、政治団体を結成したり、テロ未遂を含むさまざまな活動を行なってきました。

さらに歴史好きな学生は、一九六〇年、社会党の浅沼稲次郎委員長を演説会場で刺殺した山口二矢《やまぐちおとや》少年の事件を沢木耕太郎氏の『テロルの決算』などで読み、右翼＝テロリズム肯定という側面を知っていたりします。さらに、戦前の右翼思想家といわれる北一輝《きたいっき》、大川周明《おおかわしゅうめい》（一五〇頁参照）、頭山満《とうやまみつる》（一三七頁参照）などの名を挙げたりしますが、これはもう相当にマニアックな領域ですね。一般的ではない。

これに対して、「左翼」「左」としてイメージされる人物では、皆がこぞって挙げる例はあまり聞きません。テレビ討論などでかっこよく語る、政治学者の姜尚中《カンサンジュン》氏の名はときどき挙がります。十年ちょっと前だったら、ここで大島渚監督や作家の野坂昭如《のさかあきゆき》氏、自由民権運動研究家の色川大吉氏などが、「左」側のテレビ討論出演の常連論客としてその名が挙がったかもしれません。他では、筑紫哲也、田原総一朗、本多勝一氏など、おおざっぱにいえば「朝日新聞」系で政府、官僚、財界など日本の権力に対して批判的なジャーナリストの各氏、自民党や大企業の悪を純朴に批判する佐高信《さたかまこと》氏などがでてくるくらいです。

テレビ討論から一歩突っこんで、本も読もうとする学生や若者には、構造改革が生み出す格差や監視社会、アメリカの世界支配などを批判するジャーナリスト斎藤貴男氏や、『靖国問題』（ちくま新書）がベストセラーとなった東大の高橋哲哉教授あたりが、同時代の「左翼」「左」と認識されているかもしれません。

歴史の勉強で得た知識でしょうか、「左翼」とは、戦前にアカと呼ばれ、治安維持法などで弾圧された人たちといった回答もときどきあります。天皇暗殺計画の容疑で死刑となった社会主義者幸徳秋水《こうとくしゅうすい》（一四六頁参照）、昭和初期、共産主義者弾圧の犠牲となった作家小林多喜二《こばやしたきじ》（一五三頁参照）などがそのなかではもっとも有名でしょうか。

このあたりと関連して、「左翼」「左」を代表するメディアとして、「朝日新聞」「岩波書店」(その雑誌「世界」)、共産党機関紙「赤旗」も挙がります。

他方、「右翼」「右」メディアの代表として挙がるのは、「産経新聞」と「読売新聞」、雑誌の「諸君!」「正論」などですね。

「右翼」「右」「左翼」「左」のイメージは?

以上のような具体的な固有名詞が挙がるのは、やっぱり社会問題や政治に関心があり、テレビの討論番組などを好んで観る学生でしょう。

もう少し漠然としたイメージとして、「右—左」「右翼—左翼」を摑んでいる若者もいます。

そんな人たちが抱く「右翼」のイメージは、まず、スピーカーから軍歌を大音量で流しながら街路を走る黒塗り街宣車でしょう。古くは日教組の集会、最近では北朝鮮の万景峰《マンギョンボン》号寄港に抗議してやはり街宣車を連ねて集まる人たちといってもよい。彼らのイメージは、怖く、暴力的という点で、暴力団ともかなりかぶります。

「右翼」までゆかないで「右」となると、どうでしょう。具体的には日の丸、君が代、天皇、靖国神社などが、そのシンボルとして連想されるというのはかなり一般的です。抽象的にいえば、暴力的、怖いに加えて、排他的、保守的、激烈、強硬的といった表現がでてきます。

これらに対して、「左翼」「左」は、近年、どうも印象が弱いようです。イメージがわかない。わからないとして、空欄とする回答がけっこう多いのです。強《し》いて挙がるのは、具体的政党として、社民党や共産党だったり、革マル、中核派、赤軍派といった学生運動のセクト、過激派といったグループの名が挙がったりします。かつてだったら日教組とかもここで挙げられたでしょうか。

あるいは、学生運動高揚期の安保闘争、東大安田講堂占拠、よど号ハイジャックや浅間山荘事件などの諸事件といったところでしょうか。これらは、戦後史回顧のようなテレビ番組や事件を題材とした映画があるので、知られているのでしょう。

右翼の街宣車に対し、「左翼」「左」について、デモとかビラまきとかのイメージがときどき挙げられます。労働組合運動、反戦平和運動も挙がります。抽象的には、ハト派的、革新的とかのほか、受け身的だとか、なかには「右」についてもでてきた保守的だとかのイメージを回答する学生もいました（「ハト派」とは、強硬手段、武力行使を避け、なるべく穏やかに事態収集を図る人たちをいう）。

「右—左」はいかなる価値対立か？

具体的な人物やメディア、団体の名、もしくは漠然としたイメージを挙げる例を並べてみましたが、むろんもっと理論的に、「右翼」「右」もしくは「左翼」「左」がいかなる政治的立場、思想なのかを回答する例もあります。たとえば、こんなふうにです。

「右翼」「右」だったら、「天皇絶対主義」「国粋主義」、「日本が好き」で「北朝鮮や中華人民共和国が嫌い」「韓国が嫌い」、「市場原理主義」など。

「左翼」「左」だったら、「社会主義」「共産主義」とか「北朝鮮や中華人民共和国が好き」、「国家統制肯定」「反天皇」「人権尊重」などです。

さらには、「右—左」と対立させていうが、それぞれの背後にどういう相反する価値があるのかを挙げてみせる例もあります。

たとえば、

「右＝保守的 ⟺ 左＝革新的」
「右＝軍国主義 ⟺ 左＝平和主義・反戦」
「右＝再軍備 ⟺ 左＝非武装」
「右＝暴力 ⟺ 左＝話し合い」
「右＝九条改憲 ⟺ 左＝九条護憲」
「右＝体制的・権力 ⟺ 左＝反体制的」
「右＝与党 ⟺ 左＝野党」

「右＝民族・公　⟺　左＝市民・私」

といった具合にです。

「右―左」は直線上に表わせる尺度なのか？

以上は、現在、二十歳前後から三十歳前後までの学生その他、若い世代で、社会問題や政治に多少は関心を抱いて、テレビのニュースや討論番組も比較的観るが、思想史や社会科学について専門知識が充分あるわけではない層から返ってきた、「右―左」「右翼―左翼」についての認識でした。

表層的、現象的な知識、イメージしか持っていない者から、少しは政治的思想的立場として理解している者まで、多様ですが、ここに挙げられた基本的な認識は、従来から「右―左」「右翼―左翼」について抱かれてきたものとそう変わってはいません（ただ平成ならではの例外として、「右＝革新的　⟺　左＝保守的」という回答を聞いたことがあります）。日常的な会話についてゆくためならば、この程度でもう充分でしょう。

従来からの「右―左」についての一般的なイメージは、必ずしも失われていない。これが確認できたとき、私のなかで、二つの問題点が浮上してきたのです。

一つは、「右―左、右翼―左翼ってどう違うんですか」と問いかけてきた若者たちは、何がもっともわからなかったのか。いい換えると、どういう答えを彼らはもっとも期待したのか。

二つめは、今も失われたわけではない、右に羅列したような「右―左」「右翼―左翼」をめぐって、一般的に共有されている理解やイメージが、はたしてどこまで正しいのか。いい換えると、実は私たちは長いあいだ、誤りとまではいえないにしろ、かなり不正確もしくはいくらかゆがんだ理解とイメージで、「右―左」「右翼―左翼」を捉《とら》えてきたのではなかったか。

まず第一の問題を考えてみましょう。

思うに、平成の若い世代だって、「右―左」それぞれ、「右翼―左翼」それぞれについて、それが具体的にどういう立場であるかは一応わからないでもない。

しかし、なぜこの両者が、「右―左」という連続した空間的な位置関係に喩《たと》えられるのか。ここがもっともわからないのではないでしょうか。

つまりこういうことです。空間的対応に喩えられる社会的な現象としては、たとえば「下流社会」という最近の流行語があります。構造改革で、ヒルズ族など一部の金持ちが生まれる反面、昇給や社会的上昇の可能性が失われ、子供の教育費もままならぬため、世代を超えて「下流」に甘んじざるを得ない人々が生み出されつつあるというマーケッター三浦展《みうらあきら》氏の指摘です。

この場合の「下―上」「下流―上流」は、経済的な格差をいっているのは自明です。要するに、年収とか資産とかの量がどの程度かの比較ですね。多ければ上、少なければ下。金持ちが上で、貧乏が下。中間なら中流でしょう。これまでの日本はこの中流が多かったが、格差拡大で下が多くなるよと三浦氏は警告したわけです。

「右―左」も元来の意味ならば、「上―下」と同様、右左どちらかがゼロで、だんだん量的数値が増えてたとえば左極＝１００へ近づいてゆく。そんな一本の線の両端として表現できるはずでしょう。

実際、「極右」「極左」というい方があります。あるいは、ある人物や党派が、「やや右寄り」とか「やや左寄り」とか表現される場合も珍しくありません。「右」と「左」それぞれと等距離くらいの思想や政治的立場を指していう「中道」という言葉もあります。「中道」をさらに細かく観察して、「中道左派」「中道右派」とに分けて記述する例もしばしば見られます。「左翼」「右翼」それぞれのなかで、「左派」「右派」があったりもします。中道と呼ばれる立場、勢力、党派を、「左」の人たちが「右」と見たり、「右」の人たちが「左」と捉えたりする場合もあります。

それを見る限り、政治的思想的な「右―左」も、一直線上の距離で計れそうに思えます。

「右―左」はいかなる尺度なのか？

しかしそれでは、政治的立場や思想上の「右―左」の場合、何がどの程度どうだと右へ寄り、逆にどうだと左へ傾くのでしょうか。「上流―下流」でいう「財産の量」にあたる、ものさしとなる基準は何なのでしょうか。それがわからないから、そもそも「右―左」「右翼―左翼」って何ですかという声が挙がるのではないでしょうか。

いい換えればこうです。このものさしさえ、押さえておけば、新しく未知の政治家や政党、また言論人を知ったときに、そのものさしに照らして「こいつはかなり右だ」とか、「どちらかといえば左寄りかな」とか自分で判断できる。そうしたものさし、尺度を教えてほしい。

これこそが質問の深意だったのではないでしょうか。

天皇絶対主義は右。社会主義、共産主義は左。国粋主義は右で、人権尊重は左。それぞれ、「右」「左」とされる政治的立場、思想のある側面を正しく摑んではいるのでしょうが、ここから「ものさし」は見えません。

それぞれ全く違う思想であるのはわかっても、それらを同列に並べるステージ、もしくはそれらの最大公約数が見えない。

喩えていえばこうです。「赤」と「紫」は普通、まるで違う別々の色だと思われている。しかし、物理学的には、単なる光の波長の長短によるひと続きのグラデーションをなす色の列（スペクトル）上の両端が、人間の眼に「赤」「紫」と映ったものなのです。「右翼」「左翼」も同様にひと続きのスペクトル上の両端だとすれば、グラデーションを成す「波長」の長短にあたる量的尺度は何でしょうか。
もっとも先の羅列にも、このように量的に把握できそうな尺度、ものさし自体を提示した回答はありましたね。

「右＝軍国主義 ⟺ 左＝平和主義・反戦」
「右＝再軍備 ⟺ 左＝非武装」
「右＝暴力 ⟺ 左＝話し合い」
「右＝九条改憲 ⟺ 左＝九条護憲」

これらがそうです。これならば、ある人物や党派について、どちらがより武力行使や軍備増強を肯定しているか、平和的解決、戦争反対を唱えているかで「右」「左」を相対的に決められそうですね。憲法九条堅持で、自衛隊保有や日米安保にも消極的な社民党や共産党などは、はっきり「左」。それに比べると、自民党、民主党は「右」ですが、そのなかにも安倍氏、小沢氏などの「右」と、福田康夫氏のようなやや「左」がいる。公明党もやや「左」となるでしょう。民主党には、菅直人氏のようなかなりの「左」もいます。

「右＝体制的・権力 ⟺ 左＝反体制的」
「右＝与党 ⟺ 左＝野党」

これも、かなりわかりやすい。政権を獲得し、首相や大臣を出している自民党、公明党がより「右」、野党として政府を攻撃している民主党、社民党、共産党などがより「左」。国会に議席を占めるというある程度の権力を有している党派よりは、国会の外にあって、政府のみならず野党をも批判攻撃している市民運動や過激派などはさらに「左」となるわけです。

この「軍国主義―平和主義」「体制―反体制」というものさし、尺度こそ、「右―左」「右翼―左翼」の根幹をなす価値対立ではないのか。そう思っている人も少なくないと思われます。

しかし、です。

「右」＝軍国主義・「左」＝平和主義とは限らない

少し突っこんで考えてみると、この「ものさし」「尺度」にもたちまち疑問が生じてきます。

まず「右＝軍国主義―左＝平和主義」について突っこみをいれてみましょう。

たしかに、「右」「右翼」はタカ派、軍国主義的になる傾向がある程度あります。「右」「右翼」は根幹が国粋主義、民族主義ですので、外国からの侵略とか外国による軍事的経済的文化的な支配とかに対する危機感が、たいへん強くなりますね。ゆえに、軍備を増強して侵略されない、支配されない国にしようとか、こちらから弱い他国を侵略して自国、自民族が優位に立とうとかいう主張を抱きやすいのです。

それでは、「左」「左翼」はどうでしょうか。実はこちらだって、軍事や武力を重視するタカ派となる可能性は大いにあるのです。「左」「左翼」は、たとえば社会主義や共産主義を唱えています。となると、現在が資本主義や封建主義の世の中だとすると、自分たちの思想を実現するためには、現行の政府を倒し世の中をひっくり返して、つまり革命を起こして、社会主義や共産主義の国、世の中としなければなりませんね。でもそんなことを考えたら、警察に逮捕されてしまう時代、国だってあります。それにも負けず、思想の現実化を図るならば、現政府の警察にも軍隊にも負けない、人民軍とか赤軍などと呼ばれる革命軍を築かなければならないでしょう。あるいは、革命のためなら、テロとか暴動とかを起こす左翼もいるでしょう。

また、社会主義、共産主義の国が見事に生まれても、他の資本主義の国から敵視され、戦争を仕掛けられるかもしれません。そのとき、せっかく実現した社会主義、共産主義を防衛するためには、軍国主義やタカ派とならざるを得ない場合もあるわけです。

実際、世界最初の「社会主義国」旧ソ連は強力な「赤軍」を擁する、ある意味、世界一の軍事大国でした。現在、社会主義国として知られる北朝鮮も軍事中心の国のようですね。中華人民共和国も、常に人民解放軍の軍備増強に努めているようです。プロローグで指摘したように、北朝鮮や中華人民共和国の核武装や軍備増強は「右傾化」とは呼びません。その理由はもうわかりましたね。

では、なんで「左」「左翼」と聞くと、「ハト派」「平和主義」というイメージが挙がるのでしょうか。実はこれもまた、ある特定の状況の下で「左」「左翼」が採った態度をみて、「左」「左翼」ならいつでもどこでも「ハト派」だと思いこんでしまったゆえなんですね。

その「ある特定の状況」とは、日本の戦後のある時期から現在までです。その時期において、日本社会党、日本共産党、その他の左翼の人々ほとんどが、戦争を放棄した日本国憲法第九条を断固擁護し、日本国内にアメリカの軍事基地を置かせる日米安保条約に反対し、朝鮮、ベトナム戦争からイラク戦争まであらゆる戦争に反対し、平和を訴えてきたのです。

それ以外の時期、たとえば戦後まもない昭和二十年代には、日本共産党の議員がもっとも強硬的に憲法九条に反対したり、共産党員が火炎ビンなどでテロを行なった時代すらあったのです。その後も、いわゆる過激派は、火炎ビンのほか、角材をふりまわしたり投石したり、果ては銃を奪って山岳アジトで警察と撃ち合ったり爆弾をあちこちに仕掛けたり、暴力的な活動を六〇年代から七〇年代を中心に盛んにやりましたが、彼らも「新左翼」と呼ばれた「左」「左翼」ですよね。

ですから、けっこう「左」「左翼」の思想の中心を成すと思われている平和主義、ハト派という要素も、実は、ある時代のある局面でのみ目立った彼らの特徴、決して根幹とはいえない枝葉だったというわけです。

「右」＝体制的・与党で「左」＝反体制的・野党とも限らない

それでは、「右＝体制・与党」「左＝反体制・野党」という捉え方はどうでしょうか。

これにもすぐ突っこみがいれられますね。

今から十数年まえ、自民党が一年ほど野党となりました。そのときの細川政権は八つの党派が連立した政権で日本社会党（現在の社民党）もその一翼を担う与党でした。それに続く「自民・社会・さきがけ」連立政権でも同様です。一時は、日本社会党の村山富市《むらやまとみいち》氏が首相まで務めました。あの眉毛が長いおじいさんです。

ではそのとき、社会党は「右」「右翼」となったのでしょうか。たしかにそれまで絶対反対を主張していた、日米安保や自衛隊、原発などについての政策を一八〇度変えたりはしました。しかし、この政党は社会主義の看板はついに外してはいません。あるいは、そのとき野党となった自民党は、左翼政党となったのでしょうか。そう考える人は、まさかいないでしょう。

それにいわゆる社会主義国、中華人民共和国、北朝鮮、旧ソ連などでは、共産党や社会党など左翼政党が常に与党です。これらの国を、アメリカや日本のような、言論の自由や自由選挙による政権交代のある体制にしようと活動する人々は、反体制、非合法な野党ですね。彼らは、「左」「左翼」なのでしょうか。もし彼らが、現在の体制を倒して（旧ソ連などはそうなりました）自らが政府を組織したら、そのときから、彼らは「右」「右翼」となるのでしょうか。これもおかしいでしょう。

実は十数年まえ細川内閣で、日本社会党が与党の一角を占めたのは、終戦直後の昭和二十三年の芦田均《あしだひとし》内閣（日本民主・日本社会・国民協同三党連立）以来、実に四十五年ぶりです。村山富市氏はやはり昭和二十三年の片山哲首相以来四十六年ぶりの社会党首相でした。

つまり半世紀近く、日本の左翼は政権の一角を占める機会すらなく、「左・左翼＝野党・反体制」と答えて誰も疑わないくらい、その状態が固定してしまったのです。しかし、日本以外を見れば、社会主義国でなくとも、イギリスの労働党、ドイツの社会民主党、フランスの社会党など、「左翼」「左派」政党が担った政権はごく普通にあります。

「左・左翼＝野党・反体制」「右・右翼＝与党・体制」というのも、戦後日本の半世紀近い時期にのみ限定された「常識」であり「特徴」にすぎず、これまた決して根幹ではない枝葉だったのです。

辞書の定義ではどうなっているか？

さてここで、二つめの問題が出てきます。

「右＝軍国主義―左＝平和主義」「右＝体制―左＝反体制」というものさしは、「右―左」の理解として、どうやらまるで根幹を突いてはいなかったわけですよね。いずれも、戦後日本のある時期という特定の状況の下で、「右、右翼」「左、左翼」がそうした方針、立場をとらざるを得なくなって、本来、一時的であった特徴が、半世紀近く続いて、一般の人にはそういうものだと思いこまれてしまった例です。

外交をめぐる「右・右翼＝親米」「左・左翼＝親ソ、中」なども、米ソ対決が国際的対立の最たるものだった冷戦期には、ほぼ常識でした。しかし、戦前戦中、日本がどこと戦ったかを考えるならば、「右＝親米」も何ら本質的なものでないとわかるでしょう。学生らの回答で挙がった「右、右翼は韓国が嫌い」というのも、最近の反日熱が高揚した韓国ならわかりますが、冷戦の頃ならば、アメリカ、自民党と外交でも利権でも密接だった韓国朴《パク》独裁政権を、もっぱら「左、左翼」が批判攻撃していたものです。

「右、右翼」は街宣車で活動し、「左、左翼」はビラまきをするなどというのは、さらに枝葉の枝葉ですね。街宣車を右翼が用いるようになったのは戦後の一時期以降ですし、黒塗りではないにしろ街宣車は共産党なども用いています。右翼だってビラくらいまきます。

さて、それでは、「右―左」「右翼―左翼」の、枝葉ではない根幹って何なのでしょうか。

ここはやはり、辞書を引いてみましょう。

まず、愛用者が多い『新明解国語辞典　第四版』（三省堂・一九八九年）から。「うよく」で引くと、四つの意味が載っています。飛行機とかの右の翼、隊列や座席の右端、野球のライトとか。残る一つが「保守的・国粋的な思想傾向（の団体や分子）」となっていて、これが本書がテーマとする政治的な「右翼」の定義ですね。ついでに「みぎ」を引くと、四つの意味の一つに「（思想・政治上の）右翼」とあり、「著しく右寄りになる」という用例があります。

次に「さよく」を引いてみると、今度は意味は三つ。飛行機などの左翼、隊列や座席の左側、野球のレフトとともに、「急進的・革命的な思想傾向（の団体や分子）」とあります。「ひだり」を引けば「（思想・政治上の）左翼」とあるあたりはおんなじです。

この辞書の定義によれば、要するに、「右翼」「右」の本質は「保守的、国粋的」で、『左翼」「左」の本質は、「急進的、革命的」ということになりますね。「右─左」はそもそも思想の分類なのですから、それぞれどういう思想なのかが、本質的理解となるわけです。

この肝心のところ、「右翼」「左翼」とは、それぞれどういう思想なのかを端的に定義した部分ですが、実は辞書によって微妙な差異が見られます。

たとえば、国語辞典でもっとも権威あるものとして世に通っている『広辞苑　第五版』（岩波書店・一九九八年）を引いてみると、この部分は、「右翼」「右」なら、「保守派、または国粋主義・ファシズムなどの立場」とあり、「左翼」「左」は、「急進派・社会主義・共産主義などの立場」となっています。「右翼、右」では、「ファシズム」が加わり、「左翼、左」の方では、「革命的」が落ちて、「社会主義・共産主義」となっています。国語辞典中でもっとも収録語数が多く詳細とされる『日本国語大辞典　第二版』（小学館・二〇〇〇〜〇一年）では、さらにここに「無政府主義者（アナーキスト）」が加わってます。

百科事典も一つ、見てみましょうか。

これまたポピュラーな『世界大百科事典』（平凡社・一九八八年）の、「右翼」の項目を引くと、「保守」と並んで「反動」と「漸進」、「国粋主義」の代わりに「民族主義」、また新たに「反共主義」の文字が見られます。「左翼」の項目では「社会主義」「共産主義」という定番と、「伝統的な権威主義的支配が行なわれているところでは」という条件つきで「自由主義」「民主主義」も加えられています。実際、ミャンマーのような軍事独裁国とかネパールのような専制王国では、今でも自由主義や民主主義が「左翼」とされているらしいです。

「右、右翼」は「保守・反動・漸進」的で「左、左翼」は「革新・進歩・急進」的

まとめてみますと、「右、右翼」は、「保守・反動・漸進」を特徴とし、具体的には、「国粋主義」「民族主義」「ファシズム」「超国家主義」「反共主義」などがその例とされる。

「左、左翼」は、「革新・進歩・急進（含む過激・革命）」を特徴として、具体的には、「社会主義」「共産主義」「無政府主義《アナーキズム》」（状況によっては、「自由主義」「民主主義」）などがその例である。

これらの定義や具体例のどこを見ても、「右＝軍国主義」「左＝平和主義」とか、「右＝体制側、与党」「左＝反体制、野党」とかは出てきませんね。やっぱり、これらは本質的な特徴ではなかったようです。

しかし、だいぶ焦点が絞られてきたようではありますが、まだまだ肝心のところが、どうも見えてこない。というのも、右と左を両端とする一直線上に、さまざまな思想や政治的立場を位置づけるための万能の「ものさし」「尺度」、スペクトルの波長にあたるものが、まだまだ見えてこないからではないでしょうか。

いまいくつか引いてみた辞書、事典では、「保守的・反動的・漸進的」―「進歩的・革新的・急進的」という対立概念で、「右―左」の本質を定義していました。しかし、これではもっとも知りたいところが見事に欠落してはいないでしょうか。

すなわち、何をもって「保守」として何をもって「進歩」とするかです。「保守」とは、何を保ち守るのでしょうか。「進歩」とは、どちらへ向かう歩みなのでしょうか。それらが全く書かれていないのです。

この書かれていない内容を明確に示したもっと専門的な事典の類はないだろうかと探すと、ありました。

弘文堂刊『政治学事典』には「右翼／左翼」とセットにした見出しがあり、双方がどのような価値対立の両極なのかをいろいろ挙げています（執筆は後房雄氏）。

それによれば、

「左」「左翼」＝進歩　・「右」「右翼」＝保守
「左」「左翼」＝自由　・「右」「右翼」＝秩序
「左」「左翼」＝平等　・「右」「右翼」＝階層性
「左」「左翼」＝合理主義　・「右」「右翼」＝非合理主義
「左」「左翼」＝下層階級　・「右」「右翼」＝上層階級

三省堂刊『コンサイス20世紀思想事典』には、河合秀和氏が執筆した「右翼」の項目があります。

その記述を、右の対置図と合わせて整理すると、

「左」「左翼」＝平等主義　・「右」「右翼」＝伝統的権威＝階層的秩序
「左」「左翼」＝理性　・「右」「右翼」＝啓示、伝統的心情
「左」「左翼」＝合理主義　・「右」「右翼」＝歴史主義、ロマン主義、民族主義
「左」「左翼」＝知性主義、啓蒙思想　・「右」「右翼」＝反知性、反知識人主義

以上、二冊の専門的な事典で、「右、右翼」「左、左翼」の本質は、ほぼ網羅できたと思いま

す。あとつけ加えるとすれば、有斐閣の『新社会学辞典』の「右翼」の項目（執筆は河原宏氏）に見られる。

「左」「左翼」＝国際的、普遍的・「右」「右翼」＝各国、各民族毎に固有という対比くらいでしょう。

これが「左」「左翼」思想の基本だ

ここでようやく「右、右翼」と「左、左翼」の本質、根幹がある程度、体系的に見えてきたようです。この基本的な「体系」を簡潔に説いたものとして、朝日新聞社刊『朝日現代用語知恵蔵』2006年版、「日本政治」の章、「左翼／右翼」の項目があります（執筆は山口二郎氏）。これも参考にしてまとめてみましょう。

「左」「左翼」は、人間は本来「自由」「平等」で「人権」があるという理性、知性で考えついた理念を、まだ知らない人にも広め（「啓蒙」）、世に実現しようと志します。これらの理念は、「国際的」で「普遍的」であって、その実現が人類の「進歩」であると考えられるからです。ですから、現実に支配や抑圧、上下の身分、差別といった、「自由」と「平等」に反する制度があったら、それを批判し改革するのが「左、左翼」と自任する人の使命となります。ゆえに多くの場合、「改革派」「革命派」なのです。また、そうした改革、革命は、支配や抑圧、身分の上下、差別によってわりを食っていた下層の人々の利益となるはずです。ゆえに「下層階級」と結びつきます。以上の前提には、「政治や経済の仕組みは人間の手で作りかえることができる」という考え方があります。

これが「右」「右翼」思想の基本だ

対するに「右」「右翼」は、「伝統」や「人間の感情、情緒」を重視します。「知性」や「理性」がさかしらにも生み出した「自由」「平等」「人権」では人は割り切れないと考えます(「反合理主義」「反知性主義」「反啓蒙主義」)。ゆえに、たとえそれらに何ら合理性が認められないとしても、「長い間定着してきた世の中の仕組み(「秩序」)である以上は、多少の弊害があっても簡単に変えられないし、変えるべきでもない」と結論します。

こうした「伝統」的な世の中の仕組みには、近代以前に起源を有する王制、天皇制、身分制などが含まれ、それらは大方、「階層的秩序」「絶対的権威」を含んでいます。「右、右翼」と称する人は、それら威厳に満ちた歴史あるものを貴く思って憧れる「伝統的感情」を重んじ(「歴史主義」「ロマン主義」)、そんなものは人権無視で抑圧的で差別の温床だなどとさかしら(「知性的」「合理的」「啓蒙的」)に批判する左翼らが企てる「革命」「改革」から、それらを「保守」しようと志します。

ここで「保守」すべき「歴史」「伝統」は、各国、各民族それぞれで独自のものとならざるを得ないので、「右」「右翼」はどうしても「国粋主義」「民族主義」となって、「国際主義」「普遍主義」と拮抗《きっこう》するようになります。

それでもまだ残る「右―左」の謎

ここまで総合的、体系的にまとめてみると、「右、右翼」「左、左翼」が、どういう「ものさし」の両端なのかが、どうやら見えてきたのではないでしょうか。

すなわち、「自由」「平等」といった価値をより実現しようとする思想、政治的立場ほど、「左寄り」なのです。それらがよからぬものとして否定し覆そうとする「伝統的秩序」を、より尊重し守ろうとするほど、「右寄り」なのです。

しかし、ここまで「ものさし」が明らかとなっても、やはりまだまだ「わからない」感が残りそうです。

たとえば、市場原理主義というのがあります。竹中平蔵大臣らがブレーンとなった小泉純一郎政権の構造改革なども、この一種と見られていましたね。小さな政府をよしとし、規制撤廃を図り、社会福祉を削減、自己決定・自己責任の世の中を目指す考え方。これは、「右」なのか「左」なのか。「自由」を徹底させているようだし、既得権の否定などは「平等」実現にも思える。では「左」でしょうか。しかし「格差拡大」を容認するなどは、反平等ですから「右」のようでもあります。

あるいは、「人権」をはじめ、国民の「自由」を抑圧して、ついに崩壊した旧ソ連など、「社会主義」の国は、「右」「左」、いったいどちらなのでしょうか。

また、「民族」の「伝統」を尊重するのは「右」となるはずですが、それでは、他の民族に支配され、抑圧され、差別されている少数民族、被支配民族が、自分たちの「自由」獲得、他の民族との「平等」を求め、「民族解放」を目標として、自分たちの「国家」を建設しようとする戦いへ向けて立ち上がる運動、たとえば昔のベトナム解放戦争、現在ならば、クルド人やチェチェン人の闘争は、「左翼」なのでしょうか。「右翼」なのでしょうか。

「自由」「平等」へ急進する（左翼）。「伝統的権威、階層」を保守する（右翼）。この両端の間をどう捉えるか。実はこれは、「右―左」「右翼―左翼」という一直線上に諸思想を位置づける考え方を、歴史に即して、より具体的に知らなければ難しいのです。

次章ではそれを説明したいと思います。

そこで、一つ謎かけをしておきましょう。

いったいなぜ、「右と左」なんでしょうか。

「右翼」「右」が「保守」「反動」で、「左翼」「左」が「革新」「進歩」「急進」なんて分類もありましたよね。進歩って前進なんじゃないか。反動は後ろ向きなんじゃないか。だったら、「右―左」より「後―前」のほうがよかったんじゃないか。後派、前派とか、極後、極前とかね。なぜ「後―前」ではなく「上―下」でもなくて、「右―左」となったのか。

次章は、その原因となった歴史的事件から語り始めましょう。

第二章　フランス革命に始まる
――「右」と「左」の発生

9・11に始まる――「右翼」と「左翼」が誕生した日

時は一七八九年九月十一日。「9・11」です。

フランスは、勃発したばかりの大革命のさなか。その国民議会では今まさに、重大議案の賛否をめぐって、議員たちが大きく二派に分かれようとしていました。

その重大議案というのは二つ。どちらも、制定中のフランス初の憲法の制度をどうするかです。一つは、「国王に議会が決した法律を否定する拒否権を与えるか否か」。もう一つは、「議会は一院制がよいか、庶民院と貴族院との二院制とするか」。この二つでした。

国王の拒否権を否定し、議会は一院制とする案を支持する議員らは、鳥のひろげた翼のごとく扇形の議席のうち、議長から見て左端の方へ集まりました。逆に、国王の拒否権を認めるべし、議会は二院制とすべしとする議員たちは、右端へ集まってゆきました。拒否権否定で二院制支持とか、拒否権肯定で一院制支持とか、拒否権は否定だが議決執行延期権なら認めるという修正案派とかは、左右の中間あたりの議席に座りました。

正しくこの日、人物や党派の政治的立場や思想を表わす、「左翼」「右翼」という言葉が誕生したのでした。

「(フランス革命後、議会で議長席から見て右方の席を占めたことから)保守派」
「(フランス革命後、議会で議長席から見て左方の席を急進派ジャコバン党が占めたことから)急進派」

『広辞苑』で、「右翼」「左翼」の項には、このようなカッコ書きが付されています。いわゆる「語源」となった故事というわけですね。

『日本国語大辞典』にもこうあります。

「(フランス革命当時、国民議会で、穏健派が右方の席を占めたことから)」
「(一七九二年フランス国民議会で、議長席から見て、左に急進派であるジャコバン党が議席を占めたところから)」

『新明解国語辞典』も第五版以降に、「(フランス革命時、フランス国民議会で、保守派のジロンド党が議長席から見て右側の席を占めたことから)」「(フランス革命時、フランス国民議会で、急進派のジャコバン党が議長席から見て左側の席を占めたことから)」というカッコ書きを付すようになりました。

Yahoo!の知恵袋という掲示板で、「右翼と左翼の違いを教えてください」といった質問が寄せられた際にも、この「フランス革命のとき……」を誰かが答える例が多いようです。

しかし、これらの辞典の記述は誤りではないにしろ、やや不正確です。どこがというと、一七九二年とか、ジャコバン党、ジロンド党といった固有名詞がです。フランス革命と「右翼―左翼」という表現の起源を理解するには、駆け足であれ、フランス革命前半、数年の歴史を正しく追いかけ、そのなかで、「右翼―左翼」とは何だったのかを考える必要があるのです。

というのは、フランス革命の議会で、急進派が議長から見て左に、保守派が右に座ったという起源は、とある歴史上の偶然が、その後、二百年以上にわたり現在まで、思想や政治的立場を表わす用語を決定したというトリビアな豆知識にとどまるものではないからです。

一七八九年九月十一日、左右を占めた勢力は、その後の数年で情勢の変化に応じて激しく入れ替わります。しかし、左はその時点での急進派、右はその時点での保守派というルールだけはしっかり定着して変わらなかったのでした。その結果、どんな思想、主張を抱く党派がどのような情勢の下で「左」もしくは「右」とされるかという、その後、二百年にわたって世界の各国で繰り返されるパターンの原型が、この数年で出尽くしたのです。

一八世紀末フランスという特定の時代、特定の国家で起こった事件が、その後の歴史によってしばしばなぞられたために、一種の普遍的なモデル性を帯びてしまった。その結果、対立する両派が座った議席が議場の「左翼と右翼」だったという一エピソードもまた、普遍性を帯び用語として定着してしまったというわけです。

では、後世のモデルを提供したフランス革命後、数年間の歴史とはいったいどういうものでしょうか。

「保守派＝右翼」「急進派＝左翼」――特権身分廃止をめぐる対決

「国王に、議会の議決を拒否する権限を与えるか」

「議会は、一院制とするか、二院制とするか」

これが、一七八九年九月十一日、世界最初の右派と左派が分裂するきっかけでした。

この二つの議題は思想的には何を意味するのでしょうか。

国王の拒否権は、国王と議会との権限関係をどうするかの問題です。拒否権肯定派は、国王を重んじる。これは「保守派」＝「右翼」です。否定派は、議会を重んじる。こちらが「急進派」＝「左翼」ですね。議決執行の延期権なら認める派はその中間です。

議会制については、「二院制」派は保守派で「右翼」、「一院制」派は急進派で「左翼」でした。

なぜ、こうなるのか。ここを理解するには、フランス革命の勃発に遡って、歴史の経緯を追う必要があります。

フランス革命の原因には諸説ありますが、直接には、一七世紀以来、相次ぐ対外戦争や王侯貴族の贅沢で、破綻寸前となった国家財政を立て直すため、新たに大規模な課税が必要となったのがきっかけです。

当時のフランスは、いわゆるアンシャン・レジーム、絶対王政の時代でした。第一身分とされた僧侶、第二身分とされた貴族。人口の二%強を占める彼らは特権階級とされ、広大な領地を有し莫大な財産を持つ者も多くいたにもかかわらず、全く課税はされなかったのです。貴族らはそれ以外にも、領地の農民を自由に使役したり、相続人なき財産を没収したり、領地の住民に勝手な判決を下せる裁判権があったり、官職を私物化できたり、さまざまな特権を認められていました。

また、政治的権限は、国王一人に集中され、王はその気になれば、どんな機関、人物にも制約されることなく、自分の気ままに専制的政治ができたのです。

ですから、財政難に際して、本来ならば僧侶や貴族にも課税する改革を独断でできたはずです。しかし、先祖代々認められた特権を奪われるとあってはさすがに貴族たちも抵抗します。やはり重税を課せられる第三身分=平民中の有力者、大資本家や大地主も抵抗姿勢を見せます。国王もこれらを無視はできず、ついに三部会の召集を決意するほかなくなります。

三部会とは、王権がまださほど強くなかった中世、僧侶、貴族、平民の代表をそれぞれに集め、各身分の見解を統一して王へ具申させた諮問機関です。議題は、やはり課税額いかんが主でした。

王権が絶対化して以来、百七十五年召集されなかったこの三部会が一七八九年五月、ついに召集されました。これだけでも、もはや国王が何でも好きに決定できる絶対王政が、制約され始めた大事件です。しかも、この三部会は、各身分同数ではなく、平民会の議員が貴族と僧侶の議員全てと同数へと改正されたものでした。全国的に高まる国政批判の声や暴動寸前の抗議行動に押され、貴族や僧侶も改正を承認せざるを得なかったのです。

こうした議会の外での国民の運動は、七月十四日、絶対王政に批判的な者が強制収容された圧政の象徴、パリのバスティーユ牢獄が民衆に襲撃され解放されてしまう有名な事件にまで高まります。少女マンガの古典、池田理代子氏の『ベルサイユのばら』は、この襲撃事件をヒロインのオスカルが死ぬクライマックスとしていました。

こうした圧力の下、三部会はもはや三つの身分がそれぞれの結論を出すのではなく、全身分が一堂に会して国民全体の代表として国事を議決する機関へと変えられてゆきます。もはや三部会ではない国民議会、あるいは最初の仕事が憲法制定だったことから制憲議会と呼ばれる会議体の誕生です。そしてこの制憲議会が、貴族・僧侶の封建的特権の廃止、人権宣言採択に次いで審議したのが、問題の「国王の拒否権」「一院制か二院制か」だったのです。

すでにおわかりのように、フランス革命は、国王の絶対的権限が、まず三部会召集で絶対でなくなり、三部会が、憲法を作り始めるに到って、本格的に制約されてゆく流れで推移します。人権宣言とは国王でも侵害できない人権があるという宣言ですし、憲法とは国王を含む全権力がしていいことといけないことを規定する法律なのですから。

そして次は国王の拒否権です。議会に立法権そのほかが認められるとは、国王からそれらが奪われたのを意味します。せめて拒否権は残すか、執行をある期間、延期できる権限にとどめるか、完全に奪うか。

これが、保守派、中央派、急進派となるわけです。

また革命は、貴族・僧侶の特権が奪われてゆく流れでもあります。各身分代表が集まるとはいえ、全国民の二割程度である貴族・僧侶代表が、平民代表の倍だった三部会。それを、まず平民代表を倍にする。次に身分別ではない一つの国民議会とする。さらには特権廃止の議決をする。このように次々と、身分格差が解消されてゆくわけです。

そして、次は二院制か一院制かが問題となります。二院制とは、貴族と僧侶の代表が集う貴族院と平民代表の庶民院とを設けるイギリス式であり、その限度で貴族と僧侶を特別な身分として存続させる案です。それに対して一院制とは、特権身分を全否定して、貴族や僧侶出身の議員も、平民出身議員と対等な、単なる国民代表として同じただ一つの議場で審議や議決に参加するのです。

二院制支持が保守派、一院制支持が急進派となるのはいうまでもありません。

一七九一年の憲法――「立憲主義」「自由主義」の実現

結局、フランス最初の憲法は、翌々年の一七九一年九月、制定されます。国王は、議会議決を二年から六年間停止できる。議会は一院制とする。この線で決着したのです。拒否権では中間派、議会制では急進派が勝ったわけですね。

この段階において、「最右翼」、つまり議長から見てもっとも右端に座った保守派は、まだ絶対王政死守、貴族・僧侶の特権も守るという「王党派」でした。

対極である「最左翼」には、普通選挙による人民議会に全権を持たせ、国王はその決定をそのまま執行するだけとせよとする「民主派」が少数います。

憲法制定の主導権を握ったのは、両者の中央派の中での「左派」、「立憲派」とされる勢力でした。

彼らは「立憲主義」者、「自由主義」者のグループです。

この一派は、国王の存在を認めます。議会の決定に対しては、延期権しか認めませんが、行政の長は国王です。大統領や首相のような権限はあるわけです。

しかし、もちろん絶対王政ではありません。人権宣言と憲法に制約されて、人権＝国民の自由を侵害する法律や命令はもはや出せなくなりました。王政ではあっても、立憲王政ですから。憲法の人権保障により、人々は身分にかかわらず、法的に「自由」となったのです。

誰もが「自由」となった。しかし、皆「平等」となったかというと疑問があります。国王の存在を除いても、制憲議会の後、設けられた立法議会議員の選挙権は、一定以上財産を有する金持ちのみに認められました。日本でも明治・大正時代まではそうだった制限選挙ですね。

国民は皆、自由ではあるが、誰もが政治に参加できるわけではない。「自由主義」ではあるが「民主主義」ではなかったのです。

一七九一年憲法下の「右翼」「左翼」――「自由主義」VS「民主主義」

制憲議会の後を承《う》けた新しい立法議会では、制憲議会時代の「王党派＝極右翼」や二院制と拒否権に賛成した「旧穏健派＝中央右派」は、引退したり逮捕されたり亡命したりでもうすっかり消えています。となると「右」の議席はどうなるのでしょう。

空けておくわけにもゆきませんので、新たな勢力地図における新保守派、新穏健派がそこに座りました。すなわち、一七九一年に制定された立憲王政で金持ちだけを有権者と認めた、自由主義だけど民主主義ではない憲法を「保守」してゆこうとする勢力です。つまり、この憲法制定の主力をなした「旧中央左派」ですね。彼らが今度は「右」を占めたわけです。フイヤン修道院を本部としたため、フイヤン派といわれます。

これに対する左方の席には、ジャコバン・クラブに属する議員たちがかたまりました。これまた彼らの本部があった修道院からとられた名です（フイヤン派議員も以前はジャコバン・クラブ員だったのですが、意見が分かれて出てゆきました）。

彼らは、一七九一年の憲法がまだ残す不平等に不満で、「自由主義」のみならず「民主主義」をも要求する勢力です。

要するに、かつての制憲議会の最左翼がのしてきて、左翼の議席を広く占めるようになったわけです。

しかし、まもなく情勢は急転します。

立憲王政となったフランスへオーストリア、プロシアなど絶対王政の周辺諸国が戦争を仕掛けてきましたし、嫌々憲法を認めたフランス王ルイ十六世も、できればリベンジしようと策謀を繰り返しました。

国民の不満は議会の内外で高まります。

その圧力に動かされて、立法議会は事実上、機能を停止し、新たに男子普通選挙で選ばれた議員からなる「国民公会」が一七九二年秋、誕生します。

この頃、制憲議会の「中央左派」、立法議会の「右派」だった保守派＝フイヤン派は、すでに逃亡したり転向したり棄権したりして、早くも勢力を失っています。

となると、彼らが占めていた議場の右方の席がまたもや空きましたね。

いまや、国民公会の議員は、制憲議会当時には最左翼に少数いただけだった急進派、「民主派」ばっかりです。絶対王権や身分制はもちろん全面否定。一七九一年の憲法にも反対で、男子のみであれ普通選挙を主張。王権は憲法で制約された行政権すら認めない。王政を完全に廃止してフランス共和国を誕生させよう。そういう議員たちです。

彼らは、「自由主義者」であるばかりでなく、「民主主義者」です。国民皆が人権を保障されるだけでは足りず、国王といった不平等な存在は一切許さず、皆が政治に参加して国家の主権者となるべきだと考えます。

しかし、彼ら皆が左にかたまって議場の右側を空席にもできないでしょう。そして案の定また、彼らの間での分裂、内ゲバがたちまち始まるのです。

ジロンド派とジャコバン派（狭義）の対決へ――「民主主義」派の分裂

あの『新明解国語辞典』（第五版以降）ほかの字引が、「右翼」「左翼」の語源とした、フランス革命期のジロンド党（右）とジャコバン党（左）との対立とは、実はこの時期を捉えたものです。右左対立図式が始まったのは、この三年前からですから、語源の紹介としては不正確

Ⓐジャコバン・クラブの変遷
――クラブ内の右派が、順に分裂、脱会してゆき、
残った山岳（モンテーニュ）派＝ジャコバン派となるまで――

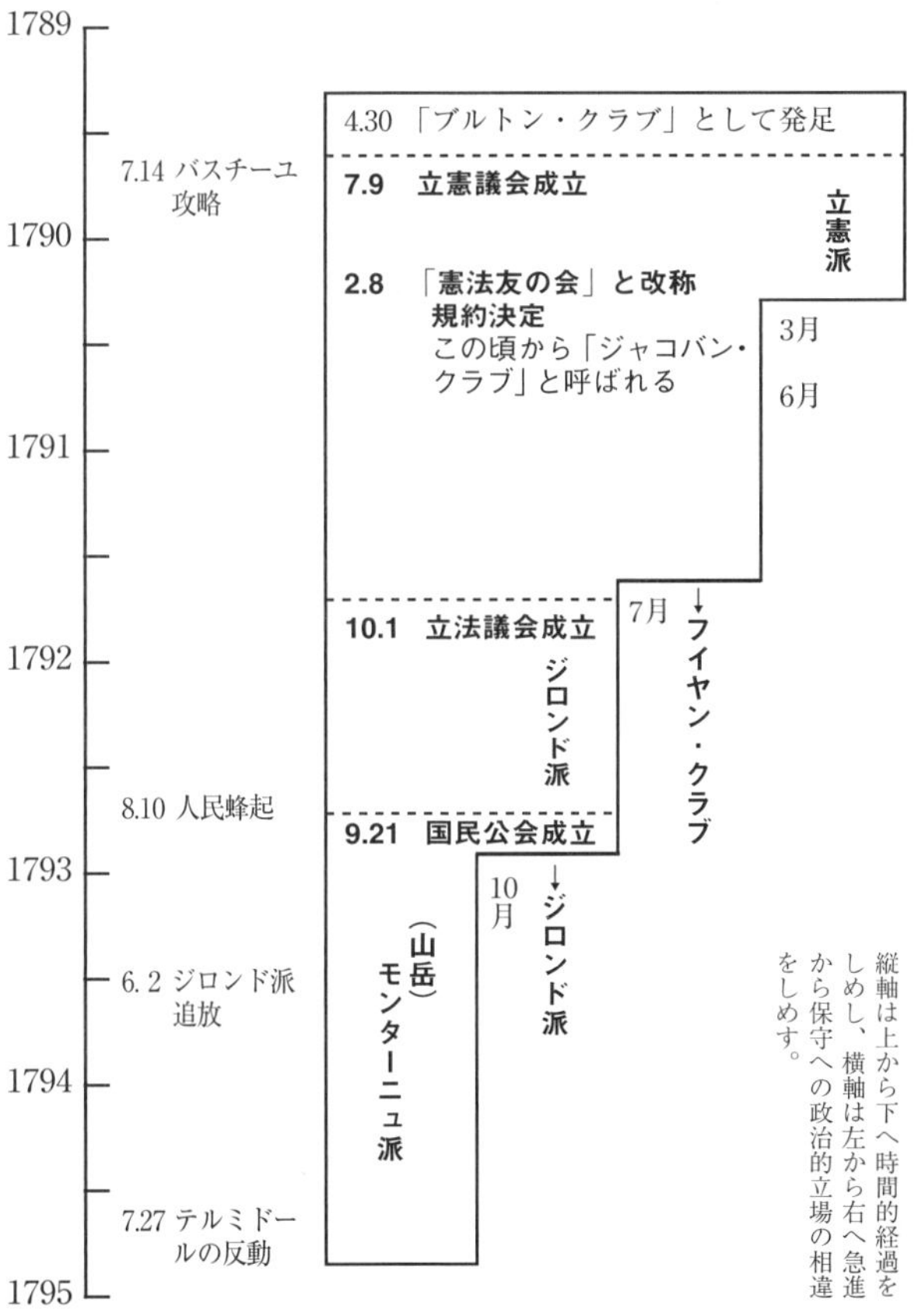

縦軸は上から下へ時間的経過をしめし、横軸は左から右へ急進から保守への政治的立場の相違をしめす。

桑原武夫編『フランス革命とナポレオン』（中公文庫）より
（著者により多少、修正）

ですよね。またジャコバン党というのも厳密には違う。国民公会を占めたかつての最左派、民主主義派は皆、ジャコバン・クラブに集ったジャコバン派ばかりなのです。それがそれ以降、分裂、内ゲバする。そして飛び出していったのが、ジロンド県出身議員が多かったジロンド派です。残った議員たちを各辞典では「ジャコバン派」と呼んでいる。いわば狭義のジャコバン派ですね（前頁、図版Ⓐ参照）。

まぎらわしいので、狭義のジャコバン派は別のあだ名で呼びましょう。彼らは、「左翼」ですから当然、議場の左方に議席を占めました。だが、それればかりでなく、議長席を底とする擂《す》り鉢《ばち》型となった議場の後方、高いところの席を占めたのです。だから山岳（モンターニュ）派と呼ばれました。ちなみにどっちつかずの日和見議員も多く、彼らは平原派（沼沢派）と呼ばれました（次頁、図版Ⓑ参照）。

法的民主主義＝「右翼」から社会民主主義＝「左翼」へ

国民公会で対決したのは、ジロンド派と狭義のジャコバン派である山岳（モンターニュ）派でした。

では、どちらも民主主義者であるはずの両派は、何をめぐって分裂、対立したのでしょうか。
フランス革命で、自由を得、選挙権をも平等に獲得した平民たちは、それでもまだ残る格差

Ⓑ 国民公会の議席（1792－1793年頃）

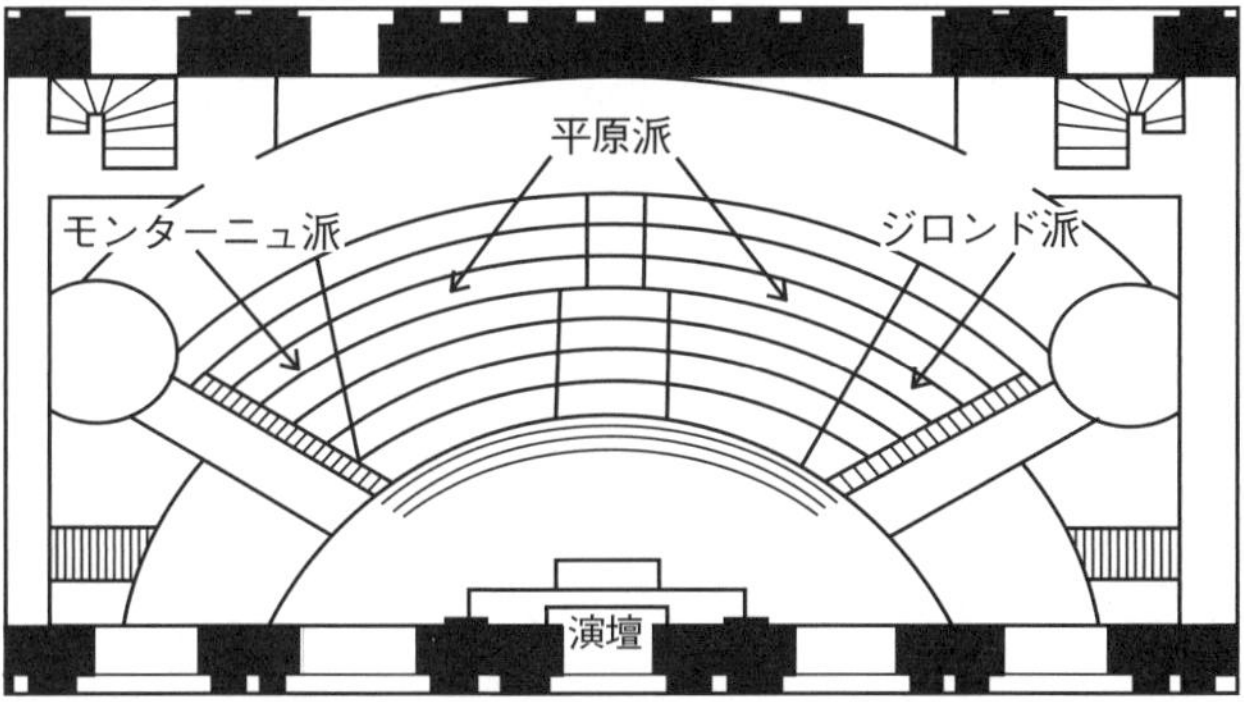

河野健二他『世界の歴史15　フランス革命』(河出文庫) より

にあえいでいました。平民といっても、大資本家や大地主もおり、スラムの貧民も小作人もいます。しかも、国王や貴族の干渉が消えて、もう怖いものなし、儲けるが勝ちとなった金持ちたちは自由経済をよいことに富を蓄え、貧富の格差はより拡がりました。貧民は、革命と干渉戦争下の超インフレと物不足のなかで、貧困という不自由、貧富の不平等に苦しめられていたのです。

そんななかでジロンド派は、金持ちの味方、自由市場経済の信奉者でした。政府は経済には干渉せず、自由放任して「神の見えざる手」の調整機能へ委《ゆだ》ねるのをよしとしたわけです。それに対して、山岳（モンターニュ）派は、中小商店主や零細企業主や貧民から支持され彼らの側に立ちました。

いくら法的に自由が保障されていても、食うや食わずでは言論も営業もへったくれもないですね。法的に特権が廃止され普通選挙が実現しても、貧富の差が激しかったら、それらも名ばかり、絵に描いた餅《もち》です。北朝鮮では、全ての医療が無料ですが、病院には医師もいなければ薬も医療器具もないというのに少し似ています。

そこで山岳（モンターニュ）派は、法的には実現した「民主主義」を、実質化すなわち経済の方向へまで進めようとします。これを「社会的民主主義」などと呼ぶ書もあります。

いまや「法的民主主義」は「保守穏健派」で「右」、「社会的民主主義」こそが「急進派」で

「左」となったのです。

フランス革命がもっとも左翼化した時代――山岳派の独裁

やがて山岳（モンターニュ）派は一七九三年五月三十一日、ジロンド派の議員を追い落として、国民公会の主導権を握り、より持たざる者たちのための政策を打ち出します。物価統制を行なって穀物などの最高価格を定めて暴利を封じたり、金持ちに公債を強制的に引き受けさせたりしたのです。国民公会中心の共和制、男子普通選挙などを明文化した憲法（一七九三年の憲法）も制定します。

しかし、この政策は、新しく社会経済の中枢を担うようになった大資本家階級には当然、不評です。彼らは干渉しないジロンド派を支持しました。現在でいえば、財界が、山岳（モンターニュ）派に対する抵抗勢力へ回ったわけですね。

にもかかわらず政策を実行するにはどうするか。

こうして悪名高い山岳（モンターニュ）派の独裁、恐怖政治が始まります。一七九三年秋、抵抗勢力ジロンド派議員の多くが反革命としてギロチンで処刑されます。

やがて、山岳（モンターニュ）派が支配する公安委員会の下、物価統制違反や大規模徴兵妨害など、反革命と見做《みな》された者はろくな裁判もなく処刑してよいとする法律が可決されます。

社会的民主主義を実現するには、厳しい独裁をやるしかなかった。いわば平等をさらに進めるには、ついこの間、国王や貴族から勝ち取ったばかりの「人権」「自由」を抑圧するしかなかった。そんなごり押しなやり方はたちまち行き詰まります。山岳（モンターニュ）派のリーダー、ロベスピエールは、やがて自派の他の政治家、ダントン、エベールなどをも多少の意見の違いから次々に逮捕、処刑してゆきます。こうして山岳（モンターニュ）派内の仲間をも失ったロベスピエールは、一七九四年七月二十七日、とうとう国民公会議員らの一斉の反撃を受け失脚、翌日自らがギロチンの露と消えました。

革命の逆戻りと「極左」＝バブーフ派の出現――共産主義への予感

フランス革命は、一七九九年、ナポレオンが独裁的権力を握るまで、あと数年続きます。しかし、山岳（モンターニュ）派をもまた右方へと追いやるさらに極端な「左翼」勢力までは現われませんでした。

山岳（モンターニュ）派が倒された後の議会は、ジロンド派の生き残りや平原派が支配しました。制限選挙と二院制を採用した新しい憲法も制定されます。制憲議会以来、ただただ急進していった歴史の歯車が数年逆戻りしたみたいですね。そこで、山岳（モンターニュ）派失脚事件は、それが起こった革命暦の月の名前からテルミドール（熱月）九日の「反動」と呼ばれ

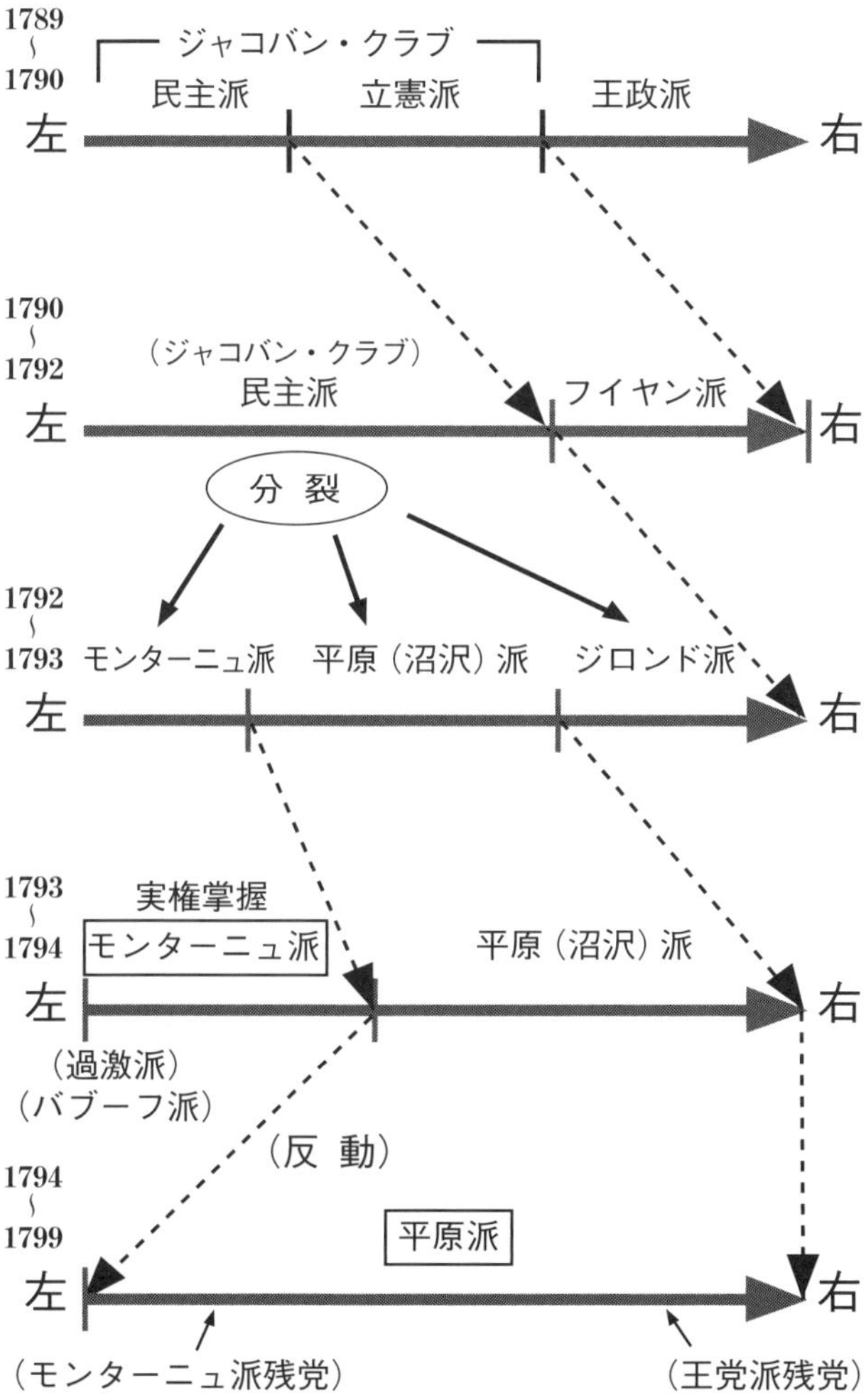
1789
〜
1790
ジャコバン・クラブ
民主派
立憲派
王政派
左
右
1790
〜
1792
(ジャコバン・クラブ)
民主派
フイヤン派
左
右
分裂
1792
〜
1793
モンターニュ派
平原(沼沢)派
ジロンド派
左
右
1793
〜
1794
実権掌握
モンターニュ派
平原(沼沢)派
左
右
(過激派)
(バブーフ派)
(反動)
1794
〜
1799
平原派
左
右
(モンターニュ派残党)
(王党派残党)

るのです。

「数年の間の左傾化の勢いは制憲議会のもとで素描されたこの国の政治的様相を根本的に変えてしまうほど激しかった。ラ・ファイエットの味方（制憲議会の中央右派）、一七九一年の憲法の支持者（フイヤン派）、ブルジョワ革命の擁護者、ジロンド派、ダントン派（モンターニュ派中の右派）などは、革命を一段と押し進めようとする新しい党派が極左に出現したことによって右側に押しやられた」（ジャン゠クリスチャン・プティフィス『フランスの右翼』文庫クセジュより）

こうまとめられる激動の五年間が、ようやく終焉したわけですね（前頁の図版参照）。

もっとも、国民公会に議席を得るには到らなかったものの、山岳（モンターニュ）派以上に急進的な党派が実は芽生えていたのです。

「過激派」とか「バブーフ一派」と呼ばれる人々がそれです。「過激派」は、山岳（モンターニュ）派の経済統制をさらに進めて、最低賃金法や独占禁止など社会立法を求めました。しかし、「過激派」はまだ山岳（モンターニュ）派と同様、個人財産は尊重し、皆がせいぜい多少の財産＝小資本を持つ自営業者として平等となる社会を構想した程度です。それに対して、そんな社会が実現しても、じきに経済競争の勝ち組、負け組が生まれ格差が復活すると批判し、私有財産制の否定、資本共有の共産主義を主張したのが、バブーフとその一派でした。

そんな彼らがもし多数派となり国民公会の左側の議席を占めていたら、ロベスピエールら山岳（モンターニュ）派が、今度は「右翼」へ追いやられ、追い落とされていたかもしれませんね。そして、バブーフ政府は、共産主義実現のため、山岳（モンターニュ）派のロベスピエール以上の独裁恐怖政治を行なったかもしれません。

イギリス・ピューリタン革命、アメリカ独立革命との相似性

絶対王政批判から、立憲主義＝自由主義へ。さらに進んで民主主義へ。そのまた先まで進み社会的民主主義へ。そして、さらにはるか彼方に社会主義、共産主義を目指す。このように、それまで先進的で主流だった立場を、次々と古いものと化しつつ進展してゆく革命。

この図式は、フランスという一国が一八世紀末に体験した一歴史的事件の経緯というにとどまりませんでした。というのは、フランス以外のヨーロッパの諸国が皆、フランス革命が進展していったのと似た道筋を辿って、変革されてゆくのではないか。そんな予感がやがて、ヨーロッパの知識人たちに、共有されていったからです。

フランス革命の以前にも、そうした例はあったのです。一七世紀、イギリスで起こったピューリタン革命（内乱）でも、絶対専制君主の横暴（こちらは宗教的対立が主）に不満な議会が、「権利請願」という人権宣言を突きつけ、立憲主義、国民の自由を要求して始まります。軍事

衝突のあげく王が処刑され、以後、普通選挙などを要求する水平派という民主主義派が台頭したのも同じです。そのなかの最急進派として共産主義を唱えるウィンスタンリなる思想家もいました。イギリス版のバブーフですね。

アメリカの十三の植民地がイギリスから独立した際も、権力を制限する憲法をそれぞれ作り、人権保障中心の自由主義の国を目指しました。その意味で、アメリカ独立も革命だったのです。北部の州だけですが、身分制ならぬ奴隷制廃止も行なわれました。民主主義を求める勢力も各州で興り、ペンシルバニア共和国のように男子普通選挙を保障した州すらありました。

フランス革命が予告した一九世紀欧米史

一七世紀と一八世紀末に起こった英米仏のこれらの革命は、普通、ブルジョワ革命と呼ばれます。訳すと市民革命となる場合が多い。でも市民というと現在の日本では「一般市民」みたいなニュアンスでとられがちなので、ブルジョワ革命と呼びましょう。この「ブルジョワ」とは、商工業を営む資本家の意味です。貴族=領主が、農奴を支配して成り立っていた中世の封建制社会のなかから、貴族でも農奴でもないブルジョワが勃興《ぼっこう》して徐々に経済力を蓄え、一時は絶対王政の国王権力とも結んで勢力を伸ばしていった。そしてついに、貴族階級を下し、国王の絶対権力をも制約、もしくは廃絶し、自らが政治的にも支配者となる。それがブルジョワ革命です。

フランス革命は、このような各国のブルジョワ革命進行パターンの典型として、以後、扱われるようになりました。そうなったわけはおそらく、その後の世界史、少なくとも欧米各国の歴史が、それぞれのブルジョワ革命を経て、フランス革命の進展に典型的に現われた方向へ進んでゆくように見えたからだと思われます。

その結果、「右、右翼」「左、左翼」という図式も、ある国のある時代のエピソードにはとどまらず、普遍性を帯びたわけです。たとえば、制憲議会における左右分裂の百年以上昔に起こったイギリスのピューリタン革命を学者などが論じる際も、長老派は「右派」、水平派は「最左翼」などと呼ぶようになったのです。

たとえばこういうことです。

イギリスのピューリタン革命でも、フランス革命でも、普通選挙の制度が提唱されました。フランス革命では憲法として国民公会で議決までされました。しかし、ついに実行はされず、革命は反動期を迎えるのです。ピューリタン革命は失敗し、処刑した国王（チャールズ一世）の息子（チャールズ二世）が復位し、その弟（ジェームス二世）が無血革命で追放されて、一七世紀イギリスの混乱はようやく収まる。落としどころは、貴族や大地主ブルジョワジーのみを有権者とする厳しい制限選挙で選ばれた議員から成る二院制の議会が、行政権を持つ新国王をコントロールするという立憲王政でした。
フランス革命後も、ナポレオン没落後、やはり処刑されたルイ十六世の弟（ルイ十八世）が復位し、十年間支配して死去。跡を継いだその弟シャルル十世も追放され（七月革命・一八三〇年）、制限選挙の議会にコントロールされる新王オルレアン公をいただく立憲王政が成立します。

いずれにせよ、革命の過程で実現するかに見えた王政の廃止、普通選挙は、ともに葬りさられたのでした。

しかし、です。その後の歴史を見ると、これらの廃案が、まるで革命が後世へ残した宿題だったかのように、少しずつ陽の目を見ていったではありませんか。

イギリスでは、名誉革命による一段落から約三十年後の一八世紀半ばに、ウォルポール首相が国王に代わって行政権を担う責任内閣制を樹立、国王は「君臨すれども統治せず」という原則を実現、王政を実質的に終焉させます。さらに百年を経た一八三二年、選挙法改正で選挙権が拡大され始め、一八八四年、ほぼ男子普通選挙が実現します。

フランスでは、一八四八年、オルレアン公が革命で倒され、共和制と男子普通選挙がいったん実現しますが、すぐにナポレオンの甥をいただく帝政が生まれてしまい、制度として定着するのは、一八七一年に始まる第三共和制を待たねばなりません。

アメリカでも一八三〇年代には、ほぼ全土で白人男子普通選挙が実現し、南北戦争の後は、南部諸州の奴隷制も廃止されます。

先延ばしや紆余《うよ》曲折はあっても、王政や身分制の廃止、普通選挙（＝民主主義）は結局、実現して、それ以後はもう覆らなかったのでした。

また、これらが定着した一九世紀の後半、ブルジョワジーつまり資本家たちは、大規模な企業、産業を経営して莫大な利潤追求を図り、国民の大多数を占める労働者を酷使しました。労働問題、社会問題が発生し、労働組合が勃興し、普通選挙により彼らの代表が議会へ進出してくるに及んで、政府も、経済政策、社会政策を講じざるを得なくなります。

これらは要するに、フランス革命に際して、ロベスピエールの山岳（モンターニュ）派政府が短期間であれ実行した、価格統制や最低賃金保障などの延長上にある諸政策ですよね。

歴史はフランス革命を追って「進歩」した？

同じ頃、ドイツやイタリア、オーストリア、北欧諸国などが立憲王政を成立させて普通選挙制をとり、中南米にも立憲共和国がいくつも誕生します。

日本が明治維新からほぼ二十年を経て大日本帝国憲法を発布し、アジア最初の議会制立憲君主国として登場するのは、一八八九年のことです。

このように、いわばフランス革命を予告篇のようにして、その「立憲主義＝自由主義」、「民主主義」「社会的民主主義」というプロセスが、以後、歴史が進むにつれて世界中で実現していったのは、単なる偶然でしょうか。そうではない。そこには、人類がそうしたプロセスを辿るものだという必然性があるのだ。そういう考え方が、一九世紀の欧米で拡がります。いわゆる、進歩主義・進歩史観といわれるものですね。

フランス革命指導者のひとりで、山岳（モンターニュ）派の恐怖政治で逮捕され自殺したコンドルセという思想家の遺著『人間精神進歩史』は、その一先駆です。その他、サン・シモン、コント、スペンサーなども、代表的な進歩の思想家として知られますが、もっとも体系的な進歩思想を完成させ多大な影響力があったのが、ドイツ人ヘーゲルとマルクスでした。

ヘーゲルは一七七〇年、ドイツのシュトゥットガルトの生まれで、一八三一年没。神学校の多感な学生だった十九歳のとき、フランス革命が勃発します。ヘーゲルは、ルソーを愛読し、ギリシャの共和政治に憧れており、人間の理性により「自由・平等」を実現しようというこの革命に熱狂、その経緯を見守ります。支持していた山岳（モンターニュ）派が、恐怖政治を始めたあたりで、彼は現実の革命に失望しますが、革命の初心は、生涯にわたり讃《たた》えていました。

コンドルセからスペンサーへ到る思想家が、進歩を単に科学技術と合理主義の発展として捉えたのに対して、ヘーゲルはより抽象的、哲学的な思索を重ね、古代、中世から歴史の終わりまでを、人類精神の発達史として一貫して把握する、精緻にして壮大な進歩の歴史哲学をうちたてます。

マルクスは一八一八年、ドイツのプロイセンの生まれで、一八八三年没。フランス革命後、いったん王政が復古した反動期に育ちます。だがその十代から、ヨーロッパは、各国の産業革命の進展、労働者階級の誕生と膨張、蒸気機関による交通網の発達、そしてこれらを背景とする、過激な階級闘争、労働者の暴動と革命の時代へ入ってゆきます。つまり本章前項から次章で述べる、フランス革命の数年をモデルとして追いかけるように進展していった一九世紀西洋史の数十年が、マルクスの人生とちょうどかぶるのです。当初、哲学を志した青年マルクスは、ヘーゲルの影響を強く受けていました。しかし、激動の時代のなかで自らも革命家として民主主義、共産主義の闘争へ身を投じ、亡命を重ねたマルクスは、観念的なヘーゲルの歴史哲学を、経済史を踏まえた生々しいものへと刷新します。

ヘーゲルの精緻かつ壮大な歴史哲学は、マルクスの手でよりリアルな政治経済学へと生まれ変わり、もっとも完成した進歩の歴史観として、現在まで世界に大きな影響を与えたのです。

それでは、ヘーゲルとマルクスは、世界史がどのような意味で「進歩」すると考えたのでしょうか。

第三章 「自由」か？「平等」か？

――一九世紀西洋史の「右」と「左」

「自由」と「平等」――どちらがより「進歩的」?

ヘーゲルとその影響を強く受けたマルクスは、ともにフランス革命を人類の偉大な進歩だと讃えています。

ところで、彼らはいったい、どちらへ進み歩むのをもって「進歩」と考えるのでしょうか。

それはどうやら「自由」の実現です。

フランス革命のスローガンとしてよく知られているものに「自由」「平等」「友愛」(「博愛」は誤訳です。このあたりはまた後で)がありますね。実際、三部会召集から山岳(モンターニュ)派独裁へ到る革命の進行は、この「自由」「平等」がより実現してゆく過程と捉えられるのは、第二章からも明らかでしょう。

でも、すぐ生じてくる疑問があります。

「自由」実現が「進歩」なら、より「自由」を実現しようとする思想や党派が、より「左」「左翼」となるはずですね。すでに見たように、フランス革命期の議会では、山岳(モンターニュ)派が極左とされます。バブーフの共産主義は、さらに最極左といわれます。

しかし、これもすでに触れたように、山岳(モンターニュ)派が決行したのは、革命を害すると疑われた者は、ろくな裁判もなく処刑してはばからない恐怖政治でした。共産主義は、財産権をも否定してしまいます。

これは全くもって「自由」、人権の否定そのものでしょう。絶対権力を持つ国王や貴族が、好き勝手に人民の権利を侵せた旧《ふる》い体制を倒したはずの革命政権が、ようやく勝ち取った「自由」を今度は自ら踏みにじる政治を行なう。しかもそれが革命の後退ではなく進展と見做される。

なぜでしょうか。山岳（モンターニュ）派やバブーフは、「平等」を重んじました。それも誰にも平等に憲法で人権を認めるといった形式的な法的平等にとどまらず、経済的格差をも是正してゆこうとする実質的社会的平等を実現してゆこうとしました。それゆえです。

しかし、「平等」のさらなる実現のためなら、「自由」を侵害してよいのでしょうか。「平等」は「自由」に優先するのでしょうか。そうであるならば、より「進歩」しているとは、より「左」「左翼」であるとは、「自由」の実現よりもむしろ「平等」の実現をものさしとしていわれるのだと考えたほうがよいのでしょうか。

たとえば、旧ソ連では「自由」がなかったといわれます。西欧諸国やアメリカ、日本では人権として普通に認められる、政党結成・活動の自由、政府批判の言論、反体制的な芸術や文学創作の自由など一切なかったといってよい。今でも、中華人民共和国や北朝鮮では同様の状態なのはご存じの通りですね。

そんな国で、「自由」と「人権」を求めて闘う反体制の闘士とか非合法組織があったら、彼らは「右」「右翼」なのでしょうか。「左」「左翼」なのでしょうか。

答えは「右」「右翼」です。本当はどうなのかはともかく、旧ソ連、中華人民共和国、北朝鮮は、「平等」の実現を建前とした国家です。その限りで、「左翼」政権の支配下にあります。もしそこに「平等」化がなまぬるい政府を批判しもっと「平等」をとする反体制運動があったら、それは「左翼」でしょう。しかし、「もっと自由を」である限り、それは「右」「右翼」なのです。

実際、北京では、欧米や日本のような人権や自由の保障を求める「民主派学生」などの動きを「右」「右翼」と呼んでいます。ついでにいうなら、韓国でも同様だそうです。

ヘーゲルの「自由」は私たちの「自由」とは違う

ヘーゲルとマルクスに戻りましょう。彼らは、歴史の進歩とは「自由」の実現であると考えました。それだったら、フランス革命でいえば、山岳(モンターニュ)派が恐怖政治や経済統制などを実行した時点、一九世紀ヨーロッパ史でいえば、各国政府が労働者保護の社会政策を始めた時点で、「進歩」は止まったとなりそうです。

それまでは今までより以上の「自由」が追求されてきたが、ここからは「自由(殊にブルジョワジーが金儲けをする自由）」を制約してでも「平等」が追求されるようになったわけですから。

しかし、ヘーゲルは、経済統制や社会政策の必要を強く認めています。マルクスとなると、山岳（モンターニュ）派の社会政策どころかバブーフの共産主義のさらに先へ「進歩」の目標を見ていました。

これらの考えは、「自由」の否定のように思えます。各種の規制を設けたり、金持ちから多く税金を取ったりという「自由」の制約をしなければ、経済統制や社会政策は不可能ですから。ところが、彼らは、決してそうは考えませんでした。実は、彼らのいう「自由」は、私たちが普通にイメージしている「自由」とはずいぶんと違うのです。

ヘーゲルには、「東洋人はひとりが自由だと知るだけであり、ギリシャとローマの世界は特定の人びとが自由だと知り、わたしたちゲルマン人は人間が人間それ自体として自由だと知っている」（『歴史哲学講義』長谷川宏訳・岩波文庫）という言葉があります。支那や中東の大帝国では専制皇帝のみが、ギリシャ、ローマでは膨大な奴隷を従えた少数自由民のみが、「自由」だった。ゲルマン人はキリスト教のおかげで誰もが尊厳ある自由な個人だと自覚するようになった。そういう意味です。これだけ見ると、フランス革命の過程で見られた、絶対王政廃止、身分否定から制限選挙を経て普通選挙実現への展開、「自由」が「平等」にゆきわたるのをもって「進歩」とする考えのようです。

しかし、哲学者ヘーゲルのいう「自由」はそう単純ではないらしい。臣民を生かすも殺すも好き勝手だった専制皇帝も、奴隷をこき使えたギリシャなどの自由民も、本当には「自由」でなかった。ヘーゲルはそういうのです。彼のいう「自由」とは自分勝手が許される意味ではない。皇帝も自由民も、臣民や奴隷という他人が従ってくれるからこそ、好き勝手ができた。これは裏返しの他人への従属、依存です。ゆえに真の「自由」ではない。

ヘーゲルによれば、他を抑圧して好き勝手をやるのとは対極な生き方、つまり自分のみならずあらゆる人間が「自由」なのだと認識して、他人を侵害せず、他人と共通する国家や社会の公共的な利益増進へ貢献すべく生きてこそ人は真に「自由」となるのだそうです。私たちの「自由」のイメージからすればずいぶん異質ですね。

マルクスの「自由」も私たちの「自由」とはかなり異なる

マルクスもこうした「自由」についての特異な考え方を受け継いでいます。フランス革命などのブルジョワ革命で、国民皆の人権が認められ、「自由」がもたらされた。しかし、それらは本当の「自由」ではないとされるのです。すなわち「ブルジョワ的自由」にすぎないと。

どういうことでしょうか。

ようやく食えるだけの給料で日々働かされる労働者たちには、自分の労力と時間を売る自由しかありません。表現の自由以下がいくら保障されても宝の持ちぐされですね。活用する余裕などないし、あってもリストラされれば全ておしまいです。しかし、ブルジョワといえるだけの資本を持ってさえいれば、労働者を雇って営業を展開し、儲ける自由を享受できます。だから自由が保障されたといっても、それはブルジョワにとっての自由でしかない。

だが、ブルジョワなら真に「自由」かというとこれまたＮＯ！　となります。ブルジョワたちは、市場原理の下で、熾烈《しれつ》な競争を強いられる。手を抜いたら負け組、倒産が待っています。そうなれば明日から労働者へ転落してどこかの資本家に雇われなくては生きてゆけない。それが嫌ならば、ひたすら資本を増殖すべくがんばり続けなければならない。これでは財産を使う自由を謳歌《おうか》するのではなく、経済法則に縛られて資本のために酷使される奴隷ではないか。というわけです。

では、真の「自由」はどうすれば得られるのか。

人間が資本の束縛から解放されて、資本のものだった生産手段——土地とか工場とか資源とか——を全て共有とした上で、皆が能力に応じて働く協働体、「ひとりひとりの自由な発展が、すべての人々の自由な発展にとっての条件となる」、つまり、自分のために働き生きるのが、そのまま全体のためでもあるような世の中の一員となって初めて、真の「自由」は得られる。

それが『共産党宣言』や『ゴータ綱領批判』ほかの著作から窺えるマルクスの考えです。

ヘーゲルの理想国家――社会政策もやる立憲王国

ヘーゲルが考える真の「自由」は、どういう国家体制の下で実現するのか。彼の『法哲学』によれば、それは立憲王政国家です。国王はいる。しかし、天皇のような象徴的存在で実権はないようです。その王の下で、官僚組織が統治権を担う。議会はありますが、二院制で貴族院を認める。庶民院も、地域自治体や職能団体のリーダーが集う議会とされ、普通選挙制はとられません。

しかし、自由と人権は保障されます。市場経済が行なわれて、人々は自立した「自営」者として競争し、活気ある世の中を生み出す。そこで生まれる貧富の格差については、国家が経済政策や社会福祉でセーフティ・ネットを張って是正を図る。

このヘーゲルが構想した国家は、フランス革命の進展でいったら、一七九一年の憲法が定めた体制に近いですね。王に拒否権はないようだが、しかし、貴族院が認められますから、一七九一年憲法ほども「平等」は進んでいない。初期の制憲議会での中道右派、憲法制定後の立法議会の段階ではもう早くも、「右」「右翼」とされ追い落とされてゆくフイヤン派などの立場です。

ただし、政策的には、国民公会の最左翼、山岳（モンターニュ）派と近い経済政策、社会政策の実行も考えられています。

なぜ、政策はかなり「左」なのに、政治体制は相当に「右」なのか。ヘーゲルの国家構想より「左」には、フランス革命でいえば、貴族院の否定、男子普通選挙に到る民主主義肯定が位置しますね。ジロンド派、山岳（モンターニュ）派の立場です。ヘーゲルは、これらの立場、特に山岳（モンターニュ）派の恐怖政治を嫌いました。

『精神現象学』によれば彼は、自分たちが善しとする政治を反対派を処刑してまで、ごり押しする恐怖政治は、かつて一人だけ自由だった専制皇帝の「自分勝手」な自由と等しいと考えたのです。そんな恐怖政治が生じたのは、ほかにも違う立場があるのを考えず、自分たちのみが正しいと独善的早呑みこみをした山岳（モンターニュ）派が民主主義の普通選挙で大衆の支持を得、権力を握ってしまったからだ、こう判断して、ヘーゲルは、「左」を切り捨てました。

しかし、そもそも恐怖政治は、物価統制などの社会政策への強い抵抗勢力を排除するために不可欠であるがために決行されたのではなかったか。それを自分勝手なごり押しと否定してしまって、はたしてヘーゲルも必要だとする経済統制や社会政策が実行できるのでしょうか。

ヘーゲルの理想国家では、貴族勢力や大資本家の立場も肯定しつつ、貧民を救う政策も行なう。こうしたバランスがとれた国家共同体ならば、全国民がそこへ融《と》けこんで一体感を得られ、その共同体のために生き死ぬという真の「自由」を享受できるだろう。いい換えれば、こんな国家ならば、愛国心を抱いて忠誠を尽くす気になるだろう。そう考えたのです。そんな国家をよりよく運営するための社会政策なら、それにより規制や重税などの割りをくう勢力も納得して受け容《い》れるのではないかと。

ヘーゲル「右」派「左」派の分裂とマルクスの共産主義

このヘーゲルの理想国家は、彼自身の国プロイセンをモデルに理想化したものでした。その二院制議会の権限を最小限にとどめた象徴的君主をいただく官僚国家制は、伊藤博文が明治憲法のお手本としたものでもあります。

理想国家と真の「自由」はすでに実現している。この結論は、ヘーゲルの死後、その哲学を支持していた知識人たちを分裂させます。正しく「右派」と「左派」にです。当時は、右派は「老ヘーゲル派」、左派は「青年ヘーゲル派」と呼ばれました。この右派は、現状肯定の側面を受け継ぎ、プロイセンの政府をひたすら善しとする体制派、御用学者となってゆきます。それに対して左派は、現実のプロイセン政府などヘーゲル先生のいう理想へ達したとはとてもいえないとして、次第に反体制派、革命派となってゆきます。現実が理想から遅れているのなら、現実を理想に合わせるためにフランスのごとく革命を行なおうというわけですね。

そんなヘーゲル左派のなかからマルクスが登場します。

マルクスの理想は、フランス革命でいえば、ヘーゲルと近いフイヤン派を倒したジロンド派や山岳（モンターニュ）派のさらに先、バブーフの共産主義がかすかに見せてくれた社会像へ向かいます。すなわち極左派、最左翼ですね。

王、貴族を否定するのはもちろん、大ブルジョワジーへ重税をかけたり儲けすぎを規制したりするくらいでは足らず、大小を問わず、ブルジョワジーつまり資本家自体を否定する。それが共産主義です。資本、たとえば土地や工場や資源などは皆、社会全体の共有として、人々は皆、「資本のため」ではなく、「自分のため」＝「全体のため」に働く労働者となる世の中の実現です。

しかし、そんな世の中を実現しようとしたら、山岳（モンターニュ）派が経済統制や社会政策実施を試みたときくらいではとてもすまない抵抗が起こるでしょう。大小の資本家たちはその全財産を失うのですから。この巨大な抵抗を抑えるには、山岳（モンターニュ）派どころではない究極の独裁、恐怖政治、自由と人権の否定、全体主義しか手はないと思われます。実際、二〇世紀に生まれた旧ソ連とか北朝鮮とかは全くもってそういう国家となりましたよね。

マルクスは独裁を肯定した

マルクスは、抵抗を抑えるこうした独裁を、あくまで資本制の下での自由主義、民主主義の段階から、社会主義実現へ「進歩」し飛躍してゆく過渡期として肯定しています。

これがプロレタリア独裁と呼ばれる体制です。フランス革命でいうならば、ジロンド派の支配から山岳（モンターニュ）派、バブーフ派へ進む過渡期に、「独裁」を用いて痛みに耐えねばならない断絶があるわけです。

それでは、マルクスやその弟子たちは、山岳（モンターニュ）派以上の恐怖政治をよしとしたのでしょうか。必ずしもそうではないでしょう。

マルクスは、共産主義社会の実現を阻む抵抗勢力を抑えるための独裁を必要と考えましたが、その抵抗は大したことはなく、よってそれを抑える独裁もそう厳しいものにならず短期間で終わると考えていたようです。なんでそんなに楽観的になれたのか。

フランス革命で、「左」「左翼」だった山岳（モンターニュ）派の独裁を支持したサン・キュロットと呼ばれる行動隊は、パリの小資本家や商店主などを出身階級とする革命派たちでした。もっと貧しい都市民もむろんいたし、パリ以外には領主の支配下にあった最貧層の農民が膨大にいました。しかし、彼らは政治的な主張や行動をほとんどしなかった。文盲がほとんどだったし、パリで起こった事態もあまり理解できなかったのではないか。

パリのサン・キュロットは若く過激で革命の有力な行動部隊でしたが、彼らだけでは、大地主や大ブルジョワジーの抵抗勢力を抑えきるにはどうにも少数派でした。さらに「極左」「最左翼」のバブーフの共産主義の支持者はごくひと握りの秘密結社程度でしかありません。彼らの政策や変革で利益を得るとされる貧民層が、政治的に動いてくれないのですから、それも当然でしょう。

フランス革命から、半世紀後に活躍したマルクスは、山岳（モンターニュ）派・バブーフ派らは早すぎたのだと考えます。その後、自らがフランス革命などで実現した立憲自由主義、殊《こと》に営業の自由の恩恵の下で、ブルジョワジーたちは大いに儲け、資本を増殖させてゆきます。同時期に産業革命が起こって生産は大規模化し、労働者の数も増大します。農民たちは土地に縛りつけられずにすむ労働者に憧れて、都市へ流入してゆきます。また市場原理の下、熾烈な競争に敗れて破産した中小ブルジョワジーも皆、労働者に転落して、勝ち組の大ブルジョワジーに雇われて働くようになります。

こうして、資本が儲ければ儲けるほど、労働者の数は増大してゆくわけです。彼らは、雇われなくては飢え死にする弱い立場であり、ブルジョワジーが決めた安い給料を呑まざるを得ません。でも、かつての貧民とは異なって、都市の自由の下、人権や自由の思想も知るし、労働組合へ団結して賃金交渉などでブルジョワジーと闘う経験からも学習します。

そんな膨大な労働者、マルクスがプロレタリアート（＝労働者階級）と呼ぶ目覚めた階級が多数派となった後、革命が起こったらどうでしょうか。

フランス革命のとき、絶対王政支持派＝極右がごく少数でじきに追い落とされて消えたように、今度は、立憲王政と制限選挙支持派（フイヤン派）＝中道右派も、社会政策否定派（ジロンド派）＝中道左派も、少数の右翼となっています。大ブルジョワジー＝勝ち組として残ったのは、ごく少数であるはずだからです。

その反対に、山岳（モンターニュ）派を支持するのは、今やサン・キュロットのみならず、膨大な都市労働者です。彼ら「極左」「最左翼」は、今や国民の圧倒的な多数派であり、彼らのまえでは、ごく少数派となった抵抗勢力などたちまち木っ端微塵《こっぱみじん》に霧散してしまうでしょう。彼らはその勢いで、社会政策実施の要求くらいにとどまらず、バブーフなどが夢見た資本所有の廃止と共産主義の実現を進めてゆけるわけです。

プロレタリア独裁――マルクスの楽観は裏切られた

これが、プロレタリア独裁といわれるものです。独裁とは名づけられていますが、世の中の圧倒的な多数派となった労働者階級が後押しするからきわめて民主主義的な独裁でしょう。この独裁下では、共産主義実現を目指す共産党以外の政党は原則として存在を許されません。当然、有力野党も政権交代もありえません。そして当然、人権抑圧や自由の制限もあるでしょうが、抑圧され制限される「自由」は、これまで儲けていい暮らしをしてきたブルジョワジーたちの「労働者や植民地を犠牲にして儲ける自由、支配する自由、享楽する自由」「大多数の利益となる革命を邪魔する自由」のみだと思えば問題はない。しかもそんな抵抗勢力も、ごく少数となっているはずだから、彼らを除くのはたやすい。だから、抑圧もそう過酷となるはずもなく、さほど長期にもわたらないだろうと思われたのです。しかも、人口の大多数はもうすでに負け組＝労働者階級なのですから、独裁して勝ち組を監視矯正する側となれるわけです。政権交代がないといってももはや正しい立場は一つだけなのだから、それを体現する共産党以外の勢力は革命の邪魔となるだけ。細かい方針の対立とかはあるだろうが、話し合えば解決する程度のはず……。

そして、この短いプロレタリア独裁の時期さえ耐えれば、皆が一つに協働し合って営む、党派対立や政権交代などもはやありえない、理想的な共産主義社会が実現する……。なんだか、痛みを伴う改革の後、日本経済が回復すると訴えた某首相みたいですね。

現実は、むろんこううまくはゆきませんでした。

ロシア革命が起こり、こうしたマルクスの理論を奉じるレーニンのボルシェビキ派が政権を握り、プロレタリア独裁を始めたとき、レーニンは十年もすれば共産主義社会は実現すると約束しました。だから、それまでの我慢だと。しかし、一年もするとレーニンはその約束を修正撤回してしまいます。

結局、レーニンが樹立したソ連も、中華人民共和国ほかの社会主義国も、プロレタリア独裁と称しながら、実際は一部の共産党官僚が、大多数の国民の自由と人権を厳しく抑圧する貧しく窮屈な収容所国家となり終わりました。その最たる例が、北朝鮮ですね。プロレタリア独裁が陥ったこうした独裁体制を、レーニンの後継者の名からスターリニズムと呼びます。

ロベスピエールら山岳（モンターニュ）派独裁の恐怖政治を、マルクス主義の人たちは、時期が早すぎたゆえの悲劇だとしましたが、そんな彼らはより過酷で大規模で長期にわたる恐怖政治を実現してしまったのでした。

プロレタリア独裁政権ははたして「左翼」か？

フランス革命以後、百数十年かけて、山岳（モンターニュ）派独裁よりもさらに「左」、バブーフの共産主義を発展させた彼方まで赴こうとした「最左翼」で生まれたマルクス主義は、恐ろしいスターリニズムを生み出してしまった。支那共産党や北朝鮮の幹部でもなければ、現在そうした体制をよしとする人はごく稀《まれ》でしょう。

しかしそれでは、旧ソ連や北朝鮮の体制を批判する今やほとんどの人たちとは皆、「右」「右翼」だといってよいのでしょうか。すなわち、世界は「右傾化」したと。よい、という考え方もあります。既述のように、現に支那や韓国では、そういう用法が普通なのですから。

しかし、私たちはどこかこれに、違和感を覚えないでしょうか。スターリンとか金日成《キムイルソン》、金《キム》正日《ジョンイル》親子のような絶対専制権力を握った独裁者がいる。その下に特権を持つ党官僚がいる。これは絶対専制君主ルイ十六世と特権的な僧侶と貴族階級が支配していた革命前のフランスと変わらないのではないか（実際、旧ソ連では特権的党官僚階級を呼ぶ「赤い貴族《ノーメンクラツーラ》」という隠語がありました）。

だったら、フランス革命の理念をより進めるのが進歩で、そのより先を目指すのが「左」「左翼」だとしたら、王権ならぬ独裁的指導者、貴族ならぬ党官僚を批判して打倒しようとする側こそが「左」「左翼」ではないか。そう思えてきても当然でしょう。

旧ソ連を始めとするプロレタリア独裁が、「左」「左翼」を自称できたのは、独裁といっても急場を凌《しの》ぐ一時的な便法であって、それもじきに抑圧も解かれて、平等と真の自由が実現した理想社会を到来させるためだという約束が守られる限りにおいてでした。

そうではないと判明したとなれば、もはや彼らは理想により進み急ぐ「左」「左翼」ではない、ただの独裁体制です。

「自由」「平等」の理念からしても、そうした体制を批判するのがより「進歩的」、つまりは

「左」「左翼」となりますね。

新左翼――旧ソ連etcを「誤った左翼」とする諸派

旧ソ連ほかの独裁的専制的な「社会主義国」が、少なくとも真の意味では、「左」「左翼」ではないと考えるとしたら、では現在、真の「左」「左翼」とは何かが問題となります。

その答えは、立場によっていくつもありえるでしょう。

まずマルクスの思想をその「プロレタリア独裁」の理論を含めて正しいと今なお考える立場があります。すなわち、旧ソ連や北朝鮮は、山岳（モンターニュ）派独裁が時代的に早すぎたため恐怖政治に陥ったように、ロシアやアジアがプロレタリア独裁をやるべき時期でなかったのにごり押しした失敗例だとか、とにかくやり方に何らかの誤りがあり、本当のプロレタリア独裁とならなかったと考えるわけです。この立場からは、本当のプロレタリア独裁へ進む勢力が、「左」「左翼」となります。レーニン死後、スターリンとの政争に敗れて失脚、追放されたロシア革命の幹部レオン・トロツキーがもし権力を握っていたらうまくいっていたと考え、その理論を奉じるトロツキストなどはこれです。

あるいは、プロレタリア独裁の理論に疑問を抱き、他の革命理論で、ブルジョワジーの支配を終わらせようとする立場もあります。こちらでは、アナーキズムなどといったマルクス以外の革命理論を奉じるのが、真の「左」「左翼」となるでしょう。

いずれにしろ、フランス革命で実現した立憲自由主義（フイヤン派）、民主主義（ジロンド派）、社会的民主主義（山岳〈モンターニュ〉派）よりさらに進んで資本制社会を倒した先に理想の世の中を夢見る立場ではあります。トロツキスト、アナーキストなどをまとめて「新左翼」「過激派」などといわれます。

「人権」「リベラル」左翼――旧ソ連etcを「自由」の名により批判する人々

これに対して、フランス革命のスローガン、「自由」「平等」へ還《かえ》って、ヘーゲルやマルクスのいう「真の自由」などは、やっぱり本来の「自由」ではないと考える立場があります。その本来の「自由」、私たちが普通にイメージしてきたような「自由」を、プロレタリア独裁などといった理屈をつけて抑圧する体制は、決して「進歩」なんかじゃないと考えるわけですね。国家などの権力に干渉されず好き勝手やる「消極的自由」と、全体のために生きる充実が得られる「積極的自由」（ヘーゲルやマルクスのいう「真の自由」）を厳しく峻別して、前者のみを本当の「自由」と見るイギリスの思想史家I・バーリンなどがその代表です。

この立場では、フイヤン派の立憲自由主義、ジロンド派の民主主義は肯定されます。プロレタリア独裁を肯定する共産主義はむろん否定です。

では、山岳（モンターニュ）派の社会政策はどうでしょうか。貧富の格差を是正できるなら是正するべきだ。この立場もそう考えます。しかし、自由を抑え人権を侵害する恐怖政治となっては、それは共産主義と同様であり、本末転倒だとします。

人権理論では、国家の干渉を排して好きにさせてもらう「消極的自由権」と、国家が権力を用いて実現してくれる「社会権」（社会保障など）とが峻別され、「消極的自由権」はさらに「精神的自由」（言論の自由など）と「適正手続の保障」（公正な裁判を受ける権利など）、「経済的自由」（財産権、営業の自由など）に分類されます。この分類に即していえば、「社会権」は可能な限り実現され格差是正、弱者救済が図られるべきだが、あくまで「精神的自由権」「適正手続の保障」を侵害しない限度、また複数政党が自由に活動して政権交代が認められる議会制民主主義を否定しない限度を侵してはならない。そう考えるわけです。裏返していえば、「経済的自由」なら、累進課税などのかたちで多少侵害してもよいということになります。

アメリカの公共哲学者J・ロールズが、これと近い立場を理論化しています。

リベラル派、人権派などといわれるこうした立場も、「左」「左翼」とされるのが普通です。フランス革命の理念を、マルクス系の人々とは異なる解釈ですが、実現しようとしているのを思えば、それも納得できますね。

「自由左翼」「権力左翼」「反抗左翼」という分類

そろそろまとめてみましょうか。

文庫クセジュというシリーズの一冊『フランスの左翼』（ジャン・ドフラーヌ著）は、これら「左翼」を三つに分類しています。

「自由左翼」「権力左翼」「反抗左翼」です。どれもフランス革命期に源泉が求められます。「自由左翼」は、フイヤン派とジロンド派。立憲王政支持から民主共和国派まで。「権力左翼」は当然、「平等」のため独裁と権力政治を布《し》いた山岳（モンターニュ）派。「抵抗左翼」は、最後まで議会へは進出できないまま、集会や暴動などの直接行動でパリの街頭から議会内の左翼（山岳派）を突き上げた「過激派」や、議会転覆の陰謀を企てた共産主義者バブーフ。

ドフラーヌは、『フランスの左翼』の最後で、戦後から一九七二年までのフランス政界では、中道政党の急進党（終戦後一時、マンデス・フランス首相の下、政権を担った）、ミッテランらのフランス社会党が「自由左翼」、旧ソ連を最後まで好意的に評価していたフランス共産党は「権力左翼」、一九六八年の五月革命と呼ばれる騒動を盛り上げたアナーキスト、トロツキスト、毛沢東派など、学生運動やサブカルチャー的知識人たちが「反抗左翼」をそれぞれ、継承しているとまとめています。

私が前頁までで説明してきたところと照応させると、旧ソ連などのプロレタリア独裁を基本的に支持するのが「権力左翼」です。日本の共産党も、当人らは自分たちは旧ソ連とは違うと主張しますが外から見ればこれですね。人権派、リベラル派としてまとめたのが「自由左翼」です。現代日本では社民党、民主党の左派（旧日本社会党系）、朝日新聞系、岩波書店系のジャーナリスト、文化人の多くがここに含まれましょう。「反抗左翼」は、トロツキストやアナーキストなどの新左翼ですね。六〇年代の学生運動に由来する過激派セクト、現代思想、映画、演劇などのマイナー文化人にはこの思想がけっこう浸透しています。

第四章　「ナショナル」か？「インターナショナル」か？

——一九〜二〇世紀世界史の「右」と「左」

右翼とは何か――「保守」「反動」の発生

「歴史が進歩している」「その進歩とは『自由』『平等』の実現をいう」とする考え方を前提に、その「進歩」をより先取りしようとする立場が「左」「左翼」で、押しとどめようとする立場が「右」「右翼」。

前章のこのものさしは、「社会主義」「共産主義」また「無政府主義《アナーキズム》」あるいは「自由主義」「民主主義」が、「左翼」であるとする辞書の説明とも一致しますね。これらは、「平等」あるいは「自由」を、より徹底させようとする立場をいうのですから。

それでは、「右翼」についての説明はどうでしょうか。辞書では「国粋主義」「民族主義」「超国家主義」「ファシズム」といった説明が主でした。

これは、今のものさしだけでは見えてこない解答ではないでしょうか。ものさしによれば、「自由」「平等」を「急進的に」押し進めてゆく動きにブレーキをかけ、減速させたり停止させたりバックさせたりする「保守」「反動」が「右」「右翼」となる。そうするとなぜ、そこに「国粋」「民族」「国家」などが出てくるのでしょうか。

実は、これにはけっこう複雑な経緯があるのです。

「右」「左」、「右翼」「左翼」の語源は、ずっと説いてきたようにフランス革命です。しかし意外なことに、当時の「右」「右翼」は必ずしも「国粋」「民族」「国家」を尊重する立場ではなかったのでした。

これらはむしろ、「左」「左翼」が尊重しており、たとえば「愛国」は、「左」「左翼」つまりジロンド派とか山岳（モンターニュ）派のスローガンだったのです。

では、フランス革命当時の「右」「右翼」は何を尊重していたのでしょうか。

それは、国王です。当時のフランスでしたらルイ十六世。彼が絶対王権をふるう体制こそ、「右」「右翼」が尊重して、あくまで擁護しようとしたものでした。そのルイ十六世がギロチンの露と消えた後は、彼の血統、すなわちブルボン王朝こそ彼らが尊重し擁護する至上の対象となります。なぜブルボン王朝が尊いのか。彼らの多くは、いわゆる王権神授説を信じ、王権は神が与えたから正しいと考えていました。国王の戴冠も、ローマ・カトリック教会が行なったのです。ですから彼らは、カトリック教会も尊重、擁護するわけです。

これに対して、「国家」「民族（フランス国民）」を「左」「左翼」が尊重、擁護したのはなぜでしょう。

「国家」「民族」は当初、左翼のスローガンだった――「友愛」の正体

フランス革命のよく知られたスローガンをご存じでしょうか。「自由・平等・博愛」でした

ね。「自由」「平等」は、正しく革命が押し進めた価値の中心であり、「左」「左翼」の根本価値でした。しかし「博愛」については何も触れませんでした。それをここで説明しましょう。

まず「博愛」は誤解を招きやすい誤訳です。数十年読み継がれている標準的な概説書、桑原武夫編著『フランス革命とナポレオン』(中公文庫・世界の歴史10)も含め、ちゃんとした本では、「友愛」となっています。原語ではフラテルニテ、英語でいうフラタニティですからこれが正しい。

語源はギリシャ、ラテン語のようで、兄弟愛を指します。そこから血のつながった兄弟同然、いやそれ以上の、特別な仲間の結束、同志愛とか団結心を指すようになりました。キリスト教の隣人愛ともつながるので博愛といえなくもないのですが、それでも基本は信徒同士のものに限定されており、「博」ではないでしょう。

要するに、あくまでも仲間内部での結束、協力、相互扶助、自己犠牲といった「愛」なわけで、裏を返せば、かなり排他的なものなのです。「同志的結束」とでも訳しましょうか。

英語のフラタニティは、英米のオックスブリッジ、アイビー・リーグなど名門校にある伝統的学生サークルをも意味します。肝試し的な違法行為が入会の試練として用意され、閉鎖的で排他的な超エリートたちの生涯続く社交人脈が固められます。これはむろんお遊びに近くなった例ですが、その源流には、秘密結社的な政治セクトや宗教カルトなどが、フラタニティで結びついていた歴史が、古代、中世以来連綿とあったのです。実は、「自由・平等・友愛」という三点セットのスローガンは、本来、秘密結社フリーメーソンのものであり、フランス革命指導者に多かったフリーメーソン会員により、革命に取りいれられたといわれます。

それでは、フランス革命がこの「友愛」をスローガンの一つとしたとき、兄弟のように排他的に結束すべき秘密結社のごとき集団とは何だったんでしょうか。それは当然、「自由」「平等」の実現を目指す革命を遂行すべき「国家」でしょう。王政廃止後でしたら「共和国」です。実際、革命を潰そうと押し寄せる外国軍に対して、革命共和国を守るべく、自己犠牲を厭《いと》わず戦う国民軍は、「友愛」を体現したその「団結力」ゆえの勇猛さを恐れられたのでした。今なおフランス国歌とされる「ラ・マルセイエーズ」は、「血に飢えた敵」の「蹂躙」から国土を防衛せよと歌う彼らの軍歌ですね。

ですから「自由・平等・友愛」はむしろ「自由・平等・団結」というべきだといったのは評論家呉智英《くれともふさ》氏ですが、いっそ「自由・平等・愛国」とまで意訳してもいいかもしれません。「自由」「平等」は、国家を構成する「個人」が、その人権＝自由を保障され、皆「平等」に扱われるというのが基本的内容です。でもそれだけでは、個人がそれぞればらばらに好き勝手に生きたとしても、全くかまわない、それをいけないという原理はないとなるでしょう。

しかし、それでは、革命を裏切り、敵国へつく者などを非難するのすら不可能となってしまう。そこまで、まとまりが弱いと、革命は崩壊し、革命を潰しに来る外敵にも負けてしまう。外敵に侵略され支配されたら、もはや「自由」も「平等」もへったくれもなくなりますね。

そこで、あと一つ「友愛」＝「同志的団結」＝「愛国」つまりナショナリズムが必要なのです。「ラ・マルセイエーズ」のほかにも、あのフランスの三色旗も革命のさなかに生まれたデザインでした。当時、愛国、ナショナリズムといえば、革命で生まれた「自由・平等」の国家（共和国）を愛して身を捧げるものだったのです。

では、革命以前はどうだったのでしょうか。

近代以前、ナショナリズムは希薄だった

王政フランスには国歌はありません。国旗は強いていえば、ブルボン王家の白百合の紋章でしょう。すなわち、国家は国王家そのものだったのであり、戦争も王家と王家が争うある意味プライベートな対決でした。戦争をしないときは、相互に王女を嫁がせ合って姻族関係を結んでいます。ルイ十六世の王妃マリー・アントワネットは、オーストリアのハプスブルク家の皇女ですよね。各王家は同格であり、同一階級としてヨーロッパ規模の社交関係にあったのです。

中世以来、各王家の支配地として、フランスとかスペインといった国々はあったし、言語や習慣の違いもありました。しかし、どの国の支配者も、人民も宗教改革が起こるまでは、ロー

マ・カトリックの法王の下、キリスト教徒として一つにまとまっていたのです。政治はともかく、宗教的には彼らの世界は国家を超えて一つだったし、やがては人類全体がキリスト教徒となり一体となるはずだったのです。その背景には、古代ローマ帝国とラテン語の下、ヨーロッパが一つだった時代の記憶もありました。

その下での、フランスとかイギリス、オーストリアとかのまとまりは、国家のまとまりというよりはむしろ、王家に対して臣下である貴族や国民が仕え従う上下のつながりでした。

こうした「ブルジョワ革命以前」を理解すると、フランス革命以後生まれた、国民は皆、兄弟のごとく平等で対等で、外側の敵に対して、私的にではなく国家的正義として団結するという「ナショナリズム」が、いかに異質であったのか、少しはわかってこないでしょうか。

憲法や議会がある国家体制を築こうとするブルジョワ革命が、アメリカ独立革命やフランス革命に始まって、ヨーロッパ、南北アメリカから世界へ拡がっていったように、フランス革命が生んだ近代ナショナリズムもまた諸国へ拡がってゆきました。もっともこちらは、フランス革命後の混乱を収拾した軍事独裁者ナポレオンが、「自由」「平等」を世界へ広めようとヨーロッパ征服を企てたところ、当然ながら征服された人々の反撥を招き、彼らがナポレオンへ抵抗する運動を組織してゆくなかでそれぞれの「ナショナリズム」という団結の仕方に目覚めてしまったという逆説的な伝播だったのですが。

こうして各国に広まった「ナショナリズム」は、たとえきっかけは反フランスだったにせよ、フランス同様、近代的で革命的で「左」「左翼」的なものでした。殊にドイツやイタリアは一九世紀後半まで、戦国時代の日本のように多くの大名領のような諸国に分かれ、それぞれで専制的な政治が行なわれていました。そんな殿様（諸侯）たちに分割私有されている状況を覆して、ドイツ人はドイツ人、イタリア人はイタリア人で、憲法や議会がある自分たちの近代的な中央集権国家を一つずつ持つべきだというのが、彼らの「革命」であり「民主主義」であり、それは当然「ナショナリズム」「民族主義」への目覚めでもあったのです。

初期「右翼」＝王党派の没落——「自由」「平等」の中道化

ではいつから、この「ナショナリズム」「民族主義」が、「右」「右翼」を代表するもののようになったのでしょうか。

それはだいたい、一九世紀の終わりくらいですね。ちょうど日本で明治維新が起きて、近代国家が建設されてゆく頃です。それまで、「ナショナリズム」が、「左」「左翼」のものだった時代、「右」「右翼」が掲げたのは、カトリック教会の栄光の下、ブルボン王家が支配するフランスが正しい、フランス革命以前に戻そうという主張でした。あと、絶対王政でなく立憲王政は認めつつ、王政を復活させよう（オルレアン派）とか、王家ではなくナポレオンが独裁的権力をふるった帝政を理想としよう（ボナパルト派）とかいう「右翼」もありました。

さて、一九世紀の末、フランスは、第三共和制という時代を迎えます。フランス革命とナポレオン帝政時代の後、ルイ十六世の弟たちが順に即位して王政が復活したり、それがまた倒されて、オルレアン家という王族中心に立憲王政時代となったり、さらにそれを倒してフランス革命以来の共和制（第二共和制）を樹立したけれどまとまらず、ナポレオンの甥を皇帝にしてみたり（第二帝政）とかのすったもんだのあげく、ようやく男子普通選挙で選ばれる議会中心の共和制が安定した。それが第三共和制です。

いわば、フランス革命の最左翼だった山岳（モンターニュ）派が理想とした民主的共和国の体制がようやく確立したわけですね。かつての最左翼が、こうして体制の中心中道となった。とすると、新しく左翼の議席を占めるのは誰か。

それは、産業資本の発達（これゆえに資本家＝ブルジョワジーが堂々と国家体制を握る共和制が盤石となる時代が来たのです）が生んだ労働者階級を代表する社会主義、共産主義、アナーキズムなどの党派でした。

「自由」「平等」を、「平等」がひっぱるかたちでさらに進めた「社会民主主義」「共産主義」が、時代の進歩の最先端を担う。そういう時代となったのです。

こうした状況はフランスのみならず、英米など先進諸国ならばどこでも共通でした。これらの諸国でも、普通選挙は徐々に実現へ向かい、自由主義、民主主義は、もはや左翼というよりは「中道」となりつつあったからです。

労働者階級に祖国なし――「国民の団結」と「労働者の団結」

ではこの新しい時代にあって、「友愛」＝「団結」はどうなったのでしょうか。

フランス革命以来、王・貴族など特権身分をなくし、対等平等な同志となった国民が、我らが「自由・平等」の国を倒そうとする王・貴族、彼らをバックアップする隣国の王・貴族の軍隊等に対して、団結して戦い抜く。それが「友愛」であり、すなわち「ナショナリズム」と等しかったのでした。

しかし、一九世紀末ともなると、かつてようやく陽の目を見た夢、「自由・平等」の国民国家は、すでに確固たる体制となった現実です。「団結」を強調するまでもない。

問題は、そんな国家の内部で拡がる格差不平等へと移っていました。安い賃金で酷使される労働者と彼らの労働力を安い給金で買いたたいて儲けてゆく資本家、プロレタリアートとブルジョワジーの階級対立というやつです。

そしてこの階級分裂は、資本制の国だったらどこでも多かれ少なかれ見られたのです。

「左」「左翼」は当然、この労働者階級の側に立とうとします。となると、かつての王や貴族に代わる新しい敵は、資本家階級ですね。
彼らに対抗して闘争するために、労働者は団結しなくてはなりません。かつての「左」「左翼」が、「友愛」を叫んで、王、貴族、絶対王政の外国軍に対して国民を団結させたようにです。

ここで、マルクスとエンゲルスの『共産党宣言』にある「労働者階級に祖国はない」「万国の労働者、団結せよ」という有名なスローガンがでてきます。

資本の犠牲となっている労働者の置かれた立場は、どこの国でも同じである。ならば、たとえばフランスの労働者の仲間は、同じフランス人の資本家ではない。むしろドイツやイギリスやロシアの労働者たちなのだ。自国内に敵がいて、外国には味方がいる。ゆえに「友愛」「兄弟愛」で団結すべき同志共同体は、もはや「国家」ではなく、国境を超えて拡がる労働者という「階級」でなければならないというわけです。

当時生まれた共産主義運動の歌はその名も「インターナショナル」です。日本語訳には「海をへだてつ我等かいな結びゆく」という一節があります(直訳だと「インターナショナル(国際労働者連合)は人類を同盟させる」)。一九〇四年、アムステルダムのインターナショナル大会で、日本代表片山潜とロシア代表プレハーノフとが握手して満場の喝采を浴びたのもこの頃です。時まさに日露戦争のさなか、国家は戦っていても労働者たちは一つだというパフォーマンスでした。

「左」「左翼」が、王・貴族を敵とする国民一般を代表して「ナショナリズム」を担った時代はもはや過去となりました。今や「左」「左翼」は、ブルジョワジーを敵とするプロレタリアートを代表して「インターナショナリズム」を担う、国際派となったのでした。

「右翼」の新生——王党派から民族派へ

こうした新しい時代にあって、「右」「右翼」はどうなったのでしょう。

フランスの場合は、フランス革命以来の王党派右翼は、ブルボン王家の絶対王政復興派も、オルレアン王家の立憲君主制派も、一九世紀末にはすっかり支持者を失っていました。代わって「右」「右翼」が旗頭として掲げるようになったのが、もう必ずしも「左」「左翼」のものではなくなったナショナリズムです。

ナショナリズム（殊にフランスの）には、実は二つの側面がありました。その一方は「左」「左翼」と親しみやすく、他方は「右」「右翼」と近しいのです。

すなわち——、すでに紹介したような、「自由」「平等」を掲げて俺たちが作った理想の国を守るために「団結」しようというのが「左翼ナショナリズム」です。フランス革命の初期、イギリス人だったトマス・ペインなど外国人も、「自由・平等」のために尽くすなら同志には変わりないと、国民公会の議員とされたりしているのです。つまり民族や言語、伝統などは、発生期の「ナショナリズム」では必須でなかったのでした。

しかしやはり、俺たちのフランスを外国の侵略から守ろうと皆で燃えるときには、「自由・平等」の合理的な理念とともに、フランス語をしゃべり、シャルルマーニュ（カール大帝）やルイ太陽王やナポレオンの歴史を誇り、文学や芸術やカトリックの伝統を共有する仲間こそが仲間だ、という合理性を超えた「民族の団結」を排除できないでしょう。

実際、ドイツその他、当時の後進諸国が、ブルジョワ革命で一つの国へまとまってゆくときにも、こうした非合理な歴史や言語、神話、伝説の共有が、国民意識を生み出す大きな原動力となったのでした。

こちらの「ナショナリズム」は、「王家」「身分制」といった不合理だが伝統的な権威を尊重して、理性を掲げるフランス革命派と対抗した「右」「右翼」とけっこう馴染みますよね。

ですから、以後の「右」「右翼」は、人気のなくなった王家への忠誠といった旗印を補強するために、フランスならフランス人という民族や伝統、歴史、宗教を軸とした「国家」を、忠誠を尽くす対象としてゆくのでした。「右」「右翼」こそが、「国家主義」「国粋主義」「民族主義」を代表する時代が始まったのです。

帝国主義の時代と「右翼」——ドレフュス事件以後

ちょうどその頃、フランス、英米など議会主義の国も、ドイツ、オーストリアなど王権がまだ強い国も、経済を支配していたブルジョワジーたちは、産業、事業を拡大し、世界を舞台に儲けてゆきます。そのためにはヨーロッパだけでは足りない石油、石炭などエネルギーからさまざまな鉱物、ゴムなどの原料ほか天然資源を世界から獲得してくる必要があります。次には、アジア、アフリカなどに奴隷同然に極安の現地労働力でそれらを採掘加工する工場が設けられ、さらに国内では飽和して売れなくなった商品を、アジア、アフリカで独占的に売りさばき、さらなる巨利を獲得してゆきます。

そのために大資本家たちは、自分の国の政府を動かして、アジア、アフリカの諸民族を、軍事的政治的に圧迫して植民地化していったのです。

資本家同士、企業同士の競争は、こうして国家を巻きこみ、関税の掛け合いや、植民地ぶん取り合戦が高じた各地での小競り合いなど、イギリス、フランス、ドイツ、アメリカなどブルジョワ国家同士の鍔《つば》ぜり合いを激化させてゆきました。

いわゆる帝国主義の時代の到来です。このとき、ナショナリズムは、植民地の獲得と支配で世界を切り分け、資本の闘いに勝ち抜こうとするブルジョワジーたちと彼らに巻きこまれた国民の多数を熱く捉えました。

ここで、他の国を敵として、ブルジョワジー以下の国民が団結する国家主義が盛り上がり、民族や言語、歴史、伝統などを軸とする「右」「右翼」的なナショナリズムが、あらためて高揚する背景を得たのです。

前に掲げた『フランスの右翼』によればドレフュス事件が、「左」「左翼」よりも「右」「右翼」がナショナリズムを掲げるようになる分水嶺のようです。

一八九四年（日清戦争の年です）、フランス参謀本部のユダヤ人大尉ドレフュスが、ドイツのスパイとの容疑で逮捕され流刑された事件です。これは全くの冤罪であり、人権擁護の論陣を張った有名な作家ゾラのようなヒューマニストの文化人から自由主義者、民主主義者から共産主義者、アナーキストまでがそれに同じました。

その背景には、隣国ドイツへの軍事的敵視、警戒のエスカレートと、ユダヤ人はたとえ国籍はフランスでも異民族だから信用ならないという民族主義的偏見がありました。すなわちナショナリズムゆえの熱狂が、ドレフュスの無実の訴えをかき消したのでした。この事件と直面して、王政とカトリックの復興を唱えてきた「右」「右翼」は、これだとばかりに、「ナショナリズム」「民族主義」「国粋主義」「対外強硬主義」と合流しようとしました。以後、これらは「右」「右翼」の思想となります。ドレフュス有罪を主張した彼らの流れから、二〇世紀半ばまでフランス右翼の中心的存在とされた団体「アクシオン・フランセーズ」も生まれたのでした。

プロローグを思い出してください。ネオ・ナチやイスラエルの対パレスチナ強硬派を、「極右」「右派政権」の代表例としましたよね。そう呼ばれるようになった淵源《えんげん》は、まさしくここに求められるのです。

起こらなかった先進国革命――豊かになった労働者たち

フランス革命以後の、「左」「左翼」――ブルジョワジー以下の国民――ナショナリズム、「右」「右翼」――王と貴族――王・貴族たちのインターナショナリズムが対決した時代の後、「左」「左翼」――労働者階級――インターナショナリズム、「右」「右翼」――ブルジョワジー――ナショナリズムが対決する時代が一九世紀末にやってきた。

しかしその後、二〇世紀となるともう一度、「左」「左翼」とナショナリズムが結びつく時代がやってきます。

一九世紀末のナショナリズムの高揚は、帝国主義諸国同士が、ついに全面激突した第一次世界大戦で絶頂に達します。国家への忠誠、つまり愛国心よりも、階級としての団結を、「左」「左翼」、特に共産主義者は訴えましたが結局、階級団結により、戦争を止める夢は潰《つい》えました。各国の労働者は、他国の同志よりも自国の指導者や軍人の言い分を信じたのです。

なぜでしょうか。実は、マルクスらの予言とは異なって、イギリスを始めとする先進国の労働者が、資本家階級にとことん搾りとられて貧しくなってゆく現象は起こらなかったのです。むしろ労働組合の力で、昇給や労働条件の改善を手にいれ、科学技術発達の恩恵にも与《あずか》り、それなりに豊かになっていったのでした。すなわち、資本家階級とどこまでも闘うはずの労働者階級も、今や既得権を持ってしまって、資本制国家の下で少しずつ豊かになってゆく途《みち》を選ぶ抵抗勢力となっていたのです。

帝国主義と植民地支配――世界規模となった階級対立

では、捨てるものなど何もないほど貧しくなってゆくプロレタリアートは、もはやどこにも存在しなくなったのでしょうか。

そうではありませんでした。

資本制の諸国が帝国主義化して新しいナショナリズムが盛り上がり、植民地獲得を競った。それはすなわち、アジア・アフリカほかいわゆる南の地域を、北の諸国が軍事的経済的に支配下へ収めていったわけです。

南の諸地域で、従来よりの文化と経済と生活を破壊され、欧米諸国の資本のための鉱山や大規模農場の奴隷的労働者とされていった人々が、先進国の労働者に代わる、新たな段階に入った世界資本制を支えるプロレタリアートでした。

さて、こうしたいわゆる南の国々、いわゆる第三世界で、いわゆる先進国に軍事的、政治的に植民地支配され、経済的にも搾りとられてきた人々が、「団結」して立ち上がり、支配者へ反抗する運動の果てに革命を起こす。これが新しい時代の新しい労働者階級による新しい世界規模の革命なのです。

しかし、こうした二〇世紀の第三世界革命は、一九世紀に各国の労働者階級が立ち上がって起こすとマルクスなどが考えた革命とは、いろいろ様相を異にしたものでした。一九世紀なら、敵はまず自分の国の資本家や資本家のための政治を執る政治家などですね。そうした奴らを倒して、フランスとかドイツとかを、労働者階級がプロレタリア独裁をする社会主義、共産主義の国とする。やがて、階級がなくなり、皆が協働して不満なく働く共産主義社会ができたならば、もう革命も暴動も犯罪もなくなる。どの国もそうなれば、共産主義を潰そうと干渉してくる国もなくなる。ゆえに国家も警察も軍隊も不要な過去の遺物となり国境もなくなる。人類は、もとより祖国を持たない労働者階級に先導されて、人類社会ともいうべき一つの協働体を形成してゆくだろう。

こう考えられたわけです。

植民地独立と社会主義革命——第三世界＝プロレタリアート論

しかし、二〇世紀のプロレタリアート＝労働者階級であるいわゆる第三世界の人々の場合、敵は主に北の白人（朝鮮半島などでは日本人）の国です。そんな本国から派遣された総督とその部下の軍人や高級官僚たち、また彼らに仕えて手先となる途を選んだ現地人を追放するのが、彼らの革命となります。となると、この革命は、それまで資本制だった近代国家を、社会主義、共産主義の国とするのではなく、いきなり社会主義、共産主義の近代国家を、白人どもの植民地とされていた地に「独立」により生み出してしまうかたちをとるわけですね。

外国から来た白人、つまり世界を支配している者どもを追放して、自分たちの国を勝ち取る。これは、フランス革命などブルジョワジーの革命が、ヨーロッパ世界を支配してきたカトリック教会や国際的交流があった王や貴族たちを排除して、自分たちの共和国を創ろうとしたのと重なりますね。フランス革命が、「自由」「平等」とともに「団結＝ナショナリズム」を掲げたのと同様に、いやそれ以上に、植民地からの「解放」「独立」革命にあっては、自分たちの国を白人（や日本人）どもから奪回しようという「ナショナリズム」の高揚が原動力となったのでした。「民族独立」を勝ち取ろう、というわけです。

もうおわかりでしょう。一九世紀末、祖国のない労働者階級を国境を超えてつなぐ共産主義思想に代表されるようになった「左」「左翼」は、国家、民族を超えでるインターナショナリズムを唱えた。逆に、「国家」「民族」の尊重とそれらへの忠誠を、「右」「右翼」が強調した。

しかし二〇世紀ともなると、また逆転が起こった。民族国家、国民国家を樹立して、白人支配者の鎖から解放されようと闘う第三世界の貧しく抑圧された人々こそが、新しい、真実の労働者階級、プロレタリアートだとされたからです。

プロローグで、韓国や支那が、「反日」を叫んでも、「右傾化」「右派政権」とは呼ばないと指摘しましたよね。その理由がここで明らかになりました。すなわち、「反日」が、支配民族「日本人」と闘って社会主義的な、つまり「左」「左翼」的な「解放」「独立」を勝ち取った延長上で主張されているからなのです。

植民地独立から世界革命へ——レーニンの構想

しかし、ここでもう一つ、難問が生じてきます。

「解放」「独立」で自分たちの国を築くに到った植民地支配にあえいでいた人々は、欧米でいえばいわばフランス革命以前の段階にあるわけですよね。だったら、新しい国は、立憲王政であれ民主主義共和国であれ、経済的にはブルジョワジーが資本主義によって産業を発達させてゆく国家となるはずではないか。要するに一九世紀、ドイツやイタリアが、先進国イギリスやフランスより遅れて革命を起こし、資本主義を発達させたのと同様、さらに遅れたアジア・アフリカの諸国がこれまた資本主義国の仲間入りをするはずではないか。そうであるならば、これらアジア・アフリカの植民地が独立後いきなり社会主義や共産主義へ進むとはいえないのではないかという疑問です。

この疑問に一応答えを出したのが、ロシアのレーニンでした。第一次世界大戦中、皇帝（ツァーリ）の専制政治の下、経済危機を迎えたロシアでは革命が起こります。混乱の後、政権を握ったのは、レーニンを指導者とするボルシェビキ党というマルクス主義を信奉して共産主義社会を目指す革命家集団です。当時のロシアは、工業の発達によりペトログラード（現サントペテルブルグ）やモスクワでは労働者も増大してはいましたが、国民の大多数は数十年まえまで「農奴」と呼ばれていた農民たちでした。すなわちロシアは、英米仏はもとよりドイツ、イタリアよりも遅れ、憲法も議会もなきに等しい絶対王政国家でした。つまりフランス革命以前だったわけです。

そんな後進国ロシアで、遅ればせながらのブルジョワ革命ならともかく、進んだ英米仏でもいまだ起きていない社会主義、共産主義革命が起こり得るのでしょうか。マルクスを発展させたレーニンの理論に従えば、それは起こり得るのです。

すなわち、今や資本制は世界を覆っていて、世界全体が先進国の資本家階級＝ブルジョワジーと、上は先進国の労働者から下は後進国、アジア・アフリカの膨大な植民地で奴隷的労働を強いられている人々までを含むプロレタリアートとに階級分裂している。ゆえに、後進国や植民地での革命といえども、資本家が新しい権力を握って終わるわけにはゆかず、フランス革命のときには少数だった――ゆえに山岳（モンターニュ）派独裁や共産主義者バブーフを支えられなかった――プロレタリアートが今度こそ圧倒的な多数派として権力を握り、自由主義、民主主義、社会民主主義へ進みそこでブレーキがかかったフランス革命を、さらに先、社会主義、共産主義まで進めてゆかずにはいられないだろう。

そうなると、植民地を独立で失った資本家が支配する先進国も経済危機に陥り、そこでも社会主義、共産主義を目指す革命が連鎖的に勃発せざるを得ないはずです。遅れたロシアや植民地は、世界の資本主義制の重圧がもっとも苛酷にのしかかっている領域なのです。それはいわば長くつながった鎖のなかで一番いたんで壊れやすくなった輪のようなものです。そこを狙って撃てば、つまり革命を起こせば、連鎖的に全鎖がほどける。つまり世界革命がそこから起爆するというわけです。

民族「独立」から「共産主義」へという理論は〝司令塔〟ソ連と支那に都合よかった

実際その後、最初の社会主義国を自負する旧ソ連やそれに続いた中華人民共和国は、アジア・アフリカの植民地解放闘争をいろいろなかたちで支援しましたし、なんとか独立を勝ち取った国々にも、軍事的、経済的、技術的な援助をもたらしました。

いわば、世界資本主義の支配から自らを解放せんと立ち上がり始めた世界中のプロレタリアートをまとめて指導する総司令塔というわけです。

さて問題は、こうした戦いと発展において、「ナショナリズム」「民族」「国民国家の独立」などがどういう意味を認められるかです。

先進国のプロレタリアート＝労働者階級が、搾りとられ窮乏化した極限で、共産主義実現の革命へ立ち上がるとしたマルクス主義の考えでは、もう彼らは「階級」として団結すべき存在で「祖国」はないはずでした。でも、彼らだってかつては、王や貴族の支配から脱するにあたって、「国民」「民族」として目覚めた時代もあったのです。フランス革命などブルジョワ革命で国民国家をうち建てた頃ですね。しかし、資本制を発達させるには必要だったその段階が過ぎたら、「国民」「民族」「ナショナリズム」などは、もはや脱ぎ捨てて卒業すべき、過渡的な衣装である。マルクス主義ではそう考えるのです。

しかしです。かなり遅れて、ブルジョワ革命段階に達したロシアとかアジア・アフリカ諸国とかは、「民族」を旗印とする「国民国家の独立」の夢を実現するやいなや、すぐに次の共産主義実現の夢へ進まなければなりません。というか両者が同時進行となるわけです。それも、後者がより尊ばれ優先される方向で。

ここに、植民地状態から独立したアジア・アフリカ諸国が、旧ソ連や中華人民共和国の援助を受け、その見返りとして国際政治上、いわゆる東側陣営、共産主義陣営に組み入れられてしまった理論的裏づけがありました。

ご存じと思いますが、旧ソ連も中華人民共和国も、現実には抑圧された民族を純粋に思いやって援助するほど、お人好しでもなく理想に燃えてもいませんでした。ロシアの、支那の利益のために、いわば新しいかたちの植民地や属国を得たかったのが実情でした。

それゆえ、民族や国民国家の独立も、旧ソ連や支那の利害に反しない限度で認められたにすぎません。共産主義の実現という、より上の目標が、民族独立という過渡期的な目標よりも優越するという論理は、この本音を正当化するのに誠に都合がよかったのですね。

植民地独立後、資本主義陣営についた国々

いわゆる第三世界で植民地状態から立ち上がろうとした指導者たちのなかには、この現実に気づいた人々ももちろんいました。

彼らはあくまでもフランス革命の線で、つまり共産主義といった遠方の理想は抱かず、民族独立と近代的国民国家建設に目標を限定して、解放闘争を戦ったのです。

この場合、旧ソ連や支那からの援助はあまり期待できませんね。そして独立した以後は、その反共産主義的な姿勢ゆえに、アメリカを中心とする資本主義陣営、いわゆる西側とされる体

制へ組みいれられざるを得ませんでした。これが、第二次世界大戦後、顕著となった東西両陣営の世界を二分した対立、いわゆる冷戦の構図です。

民族独立から共産主義へ赴こうとせず、近代国民国家の方向を目指した指導者に該当するのは、韓国の初代大統領李承晩《イスンマン》とか、中華民国の蔣介石・経国親子、フィリピンのケソンなどですね。彼らは、軍部と結んで、一党支配の独裁を行ないました。しかし、工業や交通などのインフラを整えるのに、一時期そうした強権政治が必要だったのも事実です。いわゆる「開発独裁」ですね。しかし、この方向は政治的独立は獲得しても、経済的にはアメリカを始めとする先進資本主義国への植民地的従属からなかなか脱せない危険があります。経済的な民族独立がなかなか達成できないわけです。ゆえに社会主義・共産主義の側からは、「右」「反動」だという非難が彼らに浴びせられました。実際、独立を達成して近代化の途を歩み始めたとはいえ、アメリカの援助を受けた指導者が軍事独裁下で一族の私腹を肥やしてばっかりいる国が多かったのも事実です。韓国、中華民国、南ベトナム、タイ、フィリピン、インドネシアなど皆、そうした時代を経ていますね。ミャンマーは今なおそうです。といって、「左」「進歩」を自称する旧ソ連、支那の側へついたら、共産主義の名の下にもっと過酷な全体主義的支配を免れなかったでしょう。

韓国が、旧ソ連・支那を背景とした北朝鮮と、中華民国が中華人民共和国と、冷戦の正しく最前線で対峙《たいじ》してきたのはご存じでしょう。インドネシアでは、建国の英雄スカルノ大統領（デヴィ夫人の旦那さん）が、中華人民共和国側へ傾き、軍人スハルトがアメリカ側に立って共産主義派を皆殺しにするという大激突までありました。一時、旧ソ連や支那とも接近しながら、社会民主主義より以上には「左」へ進まず、政権交代を認める議会主義を守った例として、インドが挙げられます。

冷戦の終結——諸民族と宗教の解放をどう捉えるか

二〇世紀の末、旧ソ連が崩壊し、その支配下にあった諸国が「解放」されるに到りました。それはまた、抑圧されていた「民族」と「宗教（主にイスラム）」の「解放」だったといえるでしょう。

しかしこの「解放」は、「左」的「左翼」的なもの、諸民族・宗教が「平等」に「自由」を獲得できた「進歩」的なものでしょうか。そうではなさそうです。では諸民族・諸宗教を社会主義・共産主義へ「進歩」させる指導者がいなくなってしまった「右」的「右翼」的、「反動」的なものでしょうか。

フランス革命などのブルジョワ革命により近代国民国家が建設されたとき、「左」「進歩」の旗印となった「民族」や「国民」。それはしかし、社会主義を目指す労働者階級が国境を超えて手をつなごうとした際には「右」「反動」とされました。だが、先進国の資本主義が世界支配を完了した後、植民地支配にあえぐ「民族」「国民」は再び、「解放」されるべきものとして、「左」「進歩」の担い手とされたのです。

では今度はどうでしょう。旧ソ連などの抑圧的体制を、「自由」も「平等」もないニセの「社会主義」と捉え、そこからの解放を訴えてきた新左翼などからは、被抑圧の少数「民族」が、「左」「進歩」を担うという視点もあるかもしれません。しかし、そうした諸民族の闘いの果てに、かつての「共産主義」のような未来の夢が宿っている気配はありません。

さらに、イスラムという宗教は、中世以来長年にわたり、「民族」も「国家」も超えて多くの人々を秩序づけてきました。これははたして、たとえば共産主義に対して、またたとえば、世界を（グローバルに）覆う資本主義体制に対して、「反動」的なのでしょうか。それとも「進歩」的なのでしょうか。この難問は、進歩─反動、「左」─「右」という枠組みが決定的に過去のものとなったと予感させて余りあります。

第五章　戦前日本の「右」と「左」
――「国権と民権」・「顕教と密教」

日本で「右」「左」が政治的に用いられたのはいつ頃からか?

日本近代史の本を読んでいると、「自由民権運動の左派」とか「右翼団体の玄洋社」とかいった既述がときどき目に入ります。明治時代の日本にも、「左派」とか「右翼」があったのでしょうか。

ここで注意してほしいのは、当時、自由民権運動を担ったり、玄洋社などの政治結社に加わったりした、政治活動家や言論人が、自ら「左派」とか「右翼」だとか名乗った可能性はまずないという事実です。当時の日本語として、フランス革命に発するこうした外来表現は、いまだ用いられていないのですから。

そもそも、日本で「右」「左」とか「右翼」「左翼」とかを、政治的立場の意味で用いるようになったのはいつ頃からなのでしょうか。

語源記述では定評がある小学館の『日本国語大辞典(第二版)』(二〇〇一年)をひもとくと、「左翼」の項では、大正末から昭和初めにかけて連載された芥川龍之介『侏儒《しゅじゅ》の言葉』から「或左傾主義者『彼は最左翼の更に左翼に位してゐた』」という一句や、一九三〇(昭和五)年刊の喜多壮一郎著『モダン用語辞典』から「左翼/右翼に対する言葉、革命主義を奉ずる団体を左翼といふ」などが引用されています。「右翼」の項でも、「左翼共産主義反対団体が右翼

（略）反動団体を右翼と呼ぶこともある」なる同じ『モダン用語辞典』からの一文が引用されています。「右翼」の項ではほかに「争議団中の右翼分子」云々というプロレタリア文学『太陽のない街』（徳永直）からの引用もあり、これは一九二九（昭和四）年です。

また、「右翼」化する、「左翼」化するのを「右傾」「左傾」といいますが、これも当時、評論家・エッセイストの高田保が造語したといわれます（稲垣恭子・竹内洋編著『不良・ヒーロー・左傾』人文書院）。

要するに大正末から昭和初めにかけて、「右翼」「左翼」などと、「右」「左」を政治的な「保守─急進」の意味で用いる例が始まったらしいのです（『日本国語大辞典』には、一八七七〈明治十〉年刊の『米欧回覧実記』〈久米邦武〉が、アメリカ議会では右翼が上院、左翼が下院となっていると報告した文も引用されてます。しかし、これは明らかに建物の右左であり、用例として不適切で、第二版では改められています）。

しかし、遡って調べてみると、それ以前にも政党について保守的政党を「右党」、急進党を「左党」という用例はいくらか見つかります。日本へこの用例が入ってきたきっかけはやはりフランス革命の紹介でしょう。この革命については、すでに幕末に、ナポレオンの軍事的偉業が中心ではありますが紹介が始まっています。

明治に入ると、自由民権運動の勃興に従い、詳しい紹介書が現われてきます。たとえば、西郷隆盛の反乱をはさみ、明治十(一八七七)年から十二(一八七九)年にかけて分冊刊行された『仏国革命史』には、特権党である「右辺党」と民権党である「左辺党」についての記述が見られます。日清戦争と日露戦争の間にあたる、明治二十九(一八九六)年刊行の渋江保(抽斎の子)が著した『仏国革命戦史』では、保守の右党、革新の左党(ジロンド派)、急進の極左党(モンターニュ派)という説明が見られます。その翌年刊行された奥田竹松著『仏蘭西革命史』は、より細かく、非革命党の右方党(王党派)、立憲王政党の准右党(フイヤン派)、立憲民政党の准左党(ジロンド派)、過激共和党の左方党(モンターニュ派)から、やがて後二者が、温和共和党の平野党、過激共和党の山岳党と呼ばれるに到る経緯を追っています。

まずこのあたりが、政治的立場をいう「右」「左」の本邦初上陸ではないでしょうか(管見からの推測ゆえ、違っていたら専門家の方、ご教示お願いします)。

しかし、この表現が日本で当時、一般的に広まったかというと疑問があります。東洋のルソーと呼ばれた自由民権運動最大の理論家中江兆民が明治二十(一八八七)年に発表した「国会論」には、「右方党」「左方党」の語があります。しかし、あくまでフランスの政党限定でして、イギリスの二大政党は「改進」「保守」の両党と呼んでいます。ですから、日本の政党一般、ましてや政治思想を計る普遍的なものさしとして「右―左」の図式が入っていたとはおそらくいえないでしょうね。

明治三十二（一八九九）年、アメリカの政治学者L・ロウエル『欧洲大陸に於ける政府と政党』なる研究書が徳富蘇峰《とくとみそほう》主宰の民友社から翻訳刊行されています。これには、フランスでは一九世紀中に、議長席から見て右に保守的政党が、左に急進的政党が座る慣習が定着したゆえ、「右党」「左党」なる表現が普通である旨の論述がはっきり見られます。ここでロウエルが、「欧洲政界の事情に通ぜざる読者のために」と断りつつこの解説を始めている点からは、二大政党交代制が確立し議場でも与野党対面の座り方が定着していたイギリスや、二大党の座席が決まっていなかったアメリカでは、「右―左」という図式が当時（原著は一八九六年刊行）、未だ一般的でなかったのが明らかであり興味深い。そも「急進（社会派）的・自由主義的・保守的・反動的（王政党とナポレオン派）」という図式も、このロウエルが整理したもののようです。ロウエルの著は、日露戦争直前の一九〇三（明治三十六）年、『政府及政党』なる訳題で大隈重信系の早稲田大学出版部からも刊行されており、影響力もあったと思われます。大正八（一九一九）年には、本格的西洋史研究を日本に樹立した古典的名著とされる箕作元八《みつくりげんぱち》著『フランス大革命史』が刊行されます。この詳細な大著には、むろん立憲議会で左右両翼が生じた歴史的事件も記されていますが、そこで「極右党」「極左党」という表現をなすにあたり「現今の語を用うれば」「今の所謂《いわゆる》」という形容を箕作先生は用いています。この時期には、「所謂」で通じるくらい、「右」「左」も定着していた状況が窺えますね。確かに、その二年前の大正六年、アナーキスト大杉栄のエッセイ「新しい世界の為めの新しい芸術」には、「右党若《も》しくは左党の狂言に惑はされない民衆」という一句があります。明治期の右辺党―左辺党、右方党―左方党などの諸訳語を経て、「右党」「左党」がこの頃定着したようですね。

自由民権運動の「左派」「右派」とは何か

ちょっとトリビアなところへ入ってしまいました。

要するに、明治前期の自由民権運動とか玄洋社とかについて「左派」とか「右翼結社」とか呼ぶのは、あくまで後世からそう評価したレッテルであって、当事者が自ら名乗っていたわけではないのですね。

そこで問題となるのは、いかなる基準で、自ら称したわけでもない「右―左」のレッテルが後世の学者などから貼られたのかであります。

自由民権左派という場合はわかりやすい。

そもそも自由民権運動とは何でしょうか。明治維新で徳川幕府が倒れた後、幼少の明治天皇を立てつつ実権を握ったのは、維新を指導した薩摩と長州二大藩の大物志士たちと朝廷の下級公家中の実力者でした。薩摩では大久保利通、西郷隆盛、長州では木戸孝允《きどたかよし》、伊藤博文、山県有朋《やまがたありとも》、公家では岩倉具視《いわくらともみ》、三条実美《さんじょうさねとみ》などが有名です。だが、明治維新には、黒船来航以来の社会政治の混乱のなかから生じた全国的な変革への期待という背景がありました。ですから、幕府が倒された後、権力を握った薩摩・長州・公家に対して、さらに変革を進め、自分たちも権力へ参加させろという突き上げが、諸方面から生じます。このあたりイギリス革命、フランス革命の例と同様です。

突き上げたのは、まず倒幕維新の闘いを担いながら、権力の傍流へ押しやられた土佐藩や佐賀藩の志士、板垣退助や大隈重信らです。また、全国の豪農などで新時代を創ろうとする志と野心ある者たち（彼ら豪農は農作物改良や当時最大の輸出産業だった養蚕の振興を担う若きベンチャー実業家でした）と西洋の思想、学問に触れた旧下級武士階級などの知識人たちなどです。

そんな動きのなかで、西郷隆盛が鹿児島で反政府反乱を起こすという大事件も生じますが、その鎮圧後、突き上げ運動は、とにかく薩摩長州公家の一部による権力独占と専制政治を止《や》め、公選の議会を設けて全国諸勢力の意見を政治へ吸い上げろという方向へ収斂《しゅうれん》してゆきます。

これを総称して「自由民権運動」と呼ぶのです。

では、そのなかの「左派」とは何でしょうか。

戦後民主主義を代表した歴史学者家永三郎氏は筑摩書房の現代日本思想大系『民主主義』の巻の解説で、自由民権「左」派といえる政治家、思想家として、自由党へ参加した植木《うえき》枝盛《えもり》、中江兆民、大井憲太郎ほかを挙げています。この人たちも時期によりいろいろ異なる発言、政治行動をしており、「左」的側面も「右」的側面も実はあります。しかし普通は、植木については私的に起草した憲法案に見える、徹底した人権保障、悪い政府を倒す反乱を肯定する革命権、男女普通選挙による一院制議会、平和主義などの発想が、中江については、ルソーの影響下の人民主権、社会契約論、代表民主制の限界指摘、ブルジョワジーよりも貧民階級の政治参加に期待する主張が、大井については、資本主義下での階級格差拡大への着眼が、彼らが「左派」たるゆえんとして賞揚されてきました。

すなわち、フランス革命の展開というオリジナルに即して、「自由」「民主」「平等」をより徹底させた方を、より「左」だとするものさしを、明治の自由民権運動を担った諸家にもあてはめているわけですね。そうあてはめたのは、フランス革命が目指した方向へ向けて、世界史が発展してゆくと考えたマルクス主義の立場（ものさし）から、日本史を捉えてゆこうとする家永三郎などの歴史学者たちでした。

逆に自由民権「右派」とは、板垣退助、後藤象二郎、大隈重信ら薩長に追い落とされた権力者や、金持ちのみが選挙権を持つ衆議院、華族様と国家功労者と大金持ち（多額納税議員）が集う貴族院から成る二院制議会を認めた憲法ができれば自由民権はもう充分だとする立憲改進党系の思想家、活動家や、自由党のなかでも星亭《ほしとおる》などの現実主義的な政治家を指していうわけです。

明治国家において「左」とは何か

しかし、です。たとえ「右派」といえども、いやしくも自由民権であるからには、議会も憲法も不要、少なくとも時期尚早と考えていた薩長公家閥の政府権力者には抵抗反抗しているはずです。そこまで拡げれば、彼らも立派な「左派」です。いわば彼らは「左派」中の「右派」だったというべきでしょう。

ここまで視野を拡げた「右―左」レッテル貼りを、最近刊行された『大日本帝国の民主主義』（小学館）で、政治学者坂野潤治教授が、ジャーナリスト田原総一朗氏の問いに答えて展開しています。すなわち社会主義も共産主義もない明治初期においては、どういう基準で「右」「左」を判別するのかという問いに「議会が（行政権力に対して）抵抗権を持つかどうか」が基準と答えているのです。そして、当時、議会は認めないが天皇への責任が政府にはあって万能絶対専制ではないとした伊藤博文は中道右派、天皇の直接親政を掲げた勢力（佐々木高行ら側近系でしょうか？）やそれに近い山県有朋が極右、強い議会を認める自由民権は、板垣退助以下皆「極左」だと、坂野教授は捉えてみせます。

まとめてみます。まず当時の専制権力として薩長公家の政府がある。建前上、最高権力者であるはずの天皇は彼らのお飾りでロボットです。この政府の権限をいかに削《そ》ぐかで、削がなくていいとする山県は「右」、絶対権力はさすがにまずいとする伊藤は「中道右」、憲法を制定して政府の権限を大きく削ぎ、議会を設けて予算や法律以下の政策をチェックするべきだとする自由民権派は「左」となるわけです。この「左」は、欧米由来の「自由」「平等」「民主」を掲げているのだから、これらの理念をより徹底させる者ほど、「左」のなかでもより「左」つまり「左翼」「極左」と考えられます。

要するに日本の「左」「左翼」は、「自由」「民主」「平等」という、欧米から輸入した近代思想を掲げた勢力としてスタートした。以後、より平等で民主的と称して、経済的平等まで求める「社会主義」「共産主義」派などが「極左」とされてゆくのも本家と同様です。すなわち、日本近代史のなかで「左翼」の歴史は本家である欧米思想史に倣って展開されてゆくといってよく、そこに日本の独自性は乏しいわけです。

ただ一つ日本の左翼の独自性といえそうなのは、徹底した平和主義への志向でしょうか。自由民権左派の中江兆民が著した『三酔人経綸問答《さんすいじんけいりんもんどう》』は、洋装のインテリ洋学紳士君と羽織姿の行動家東洋豪傑君とに、近代日本の「左」と「右」を体現させ、論戦させています。両論客が正面からぶつかるのは、民主や平等よりも、むしろ「平和」か「侵略」かをめぐってです。この背景には、まず日本の知識人が、民主主義や社会主義を欧米から輸入したのが、一九世紀末だったという時代的状況がありました。フランス革命以来のかなり好戦的だった左翼はこの頃影をひそめ、帝国主義的な軍備拡張へ向かう国家権力を、平和主義を掲げて批判する傾向が高まっていたからです。次に、日清・日露の戦役で、日本の庶民は徴兵され近代戦の犠牲になるという未曾有の悲劇を知りました。「反戦」は、その国民感情とも遠くなかったため、当時の「左翼」が国民の支持を集めるに最適のトピックだったのです。

明治国家において「右」とは何か

では、日本近代史上の「右」はどうでしょうか。

坂野教授がいう明治初期の天皇親政派は、かなり微弱な勢力で、後世へもあまり連続しませんので、ここでは省略します。自由民権運動が「左」の始まりならば、日本近代の「右」の始まりは何でしょうか。

平凡社の『大百科事典』も（執筆は木坂順一郎）、小学館の『国民百科事典』も、弘文堂の『政治学事典』も（執筆は大塚健洋）、『現代用語の基礎知識』も皆、日本の右翼運動は頭山満らの「玄洋社」に始まると記述しています。

この「玄洋社」、一八八一（明治十四）年、福岡で結成された政治結社です。むろん当時、「右翼」と自称してはいません。ではなぜ、この「玄洋社」が「右」「右翼」なのでしょうか。

それはこの「玄洋社」が主張したのが、「国家主義」「大アジア主義」だったからです。この「玄洋社」社員内田良平が創立した「黒龍会」も、日本の「右」「右翼」の原点とされてきましたが、その主張は「天皇中心主義」「国粋主義」「大アジア主義」「対外拡張主義」「国防充実」などでした。ほとんど「玄洋社」の延長上にあるのがわかりますよね。これらがまず日本の「右翼」が思想的特徴とするところだったといってよいでしょう。

時代が、大正、昭和へと進むと、明治の自由民権が発展した新時代の「左」、大正デモクラシーといわれる普通選挙や政党政治の主張、またロシア革命で成立したソ連の影響を受けた社会主義、共産主義、アナーキズムが台頭してきます。これら「左翼」勢力への批判、攻撃も、「玄洋社」「黒龍会」の影響下に生まれた「浪人会」など「右翼」団体の主要な活動となってゆきます。

日本には王党派「右翼」が存在しなかった

さて、こうした「玄洋社」「黒龍会」の主張を「右」「右翼」と認めて、ここに近代日本の「右翼」運動の始まりを見る、こうした捉え方には、素朴な疑問を感じないでしょうか。

それは、「左」「左翼」が、このものさしを生んだ本家であるフランス革命をめぐる用例とほぼ一致するのに対して、「右」「右翼」の場合は、一つの大きなズレが存在するからです。

つまり本家フランスにおいては、「右」「右翼」といったら、まずは王党派、フランス革命で倒されたブルボン王家を復興しようという勢力だったはずです。

ところが、日本の「右」「右翼」には王党派が全く見られないではないか。えっ？　と思われましたか。だって黒龍会は「天皇中心主義」だから「右」「右翼」なんじゃないか。現在の「右」「右翼」の多くも、天皇を尊重しているのではないか。

そうではないのです。玄洋社や黒龍会が生まれ活動した明治から戦前の時代は、飾りものでロボットだったとしても、天皇を元首とする君主国だったのですよ。天皇はむしろ新しい文明開化の時代の革新的・進歩的なシンボルでした。倒されてなどいない。当時の日本で、フランスのブルボン王朝にあたるものは、これはもう徳川幕府しかありません。

ですから、「右」「右翼」が保守反動を旨とするならば、明治日本では江戸幕府復興、徳川家復辟《ふくへき》こそが唱えられなくてはならなかった。

しかし、そうした主張は、明治維新に際し、江戸城明け渡し後も新政府軍に抵抗した、奥羽列藩同盟や榎本武揚《えのもとたけあき》の蝦夷《えぞ》共和国にすら希薄でした。維新以後は（雲井龍雄の反乱謀議のごときを除けば）政治的立場としてはまずありませんね。文化的立場として、新政府を攻撃した元幕臣のジャーナリスト成島柳北《なるしまりゅうほく》や、明治以後の近代化を呪詛して江戸文化への郷愁を生き毎年元旦に徳川霊廟へ参拝した永井荷風のごとき例があるばかりです。皮肉なことに、柳北や荷風は、その反権力性や反軍国主義性ゆえに、後世むしろ「左翼」的知識人から高く評価された文人でした（特異な例外として、右翼的文学者とされる保田《やすだ》與重郎《よじゅうろう》の初期の短篇小説、維新で敗れていった幕府軍の行進曲を創ろうとした架空の侍を描いた「やぽん・まるち」を挙げておきましょう）。

日本では革命的・急進的な民族主義者が「右翼」となった

「自由」「平等」の理想を掲げる革命に対して、旧体制を「保守」する「反動」的立場を、「右」「右翼」と呼ぶ。それならば、明治政府を否定して徳川幕府を復興しようとする立場が存在しなかった以上、近代日本に「右翼」はいなかったのでしょうか。

確かに、その意味での「右」「右翼」は認められないというべきでしょう。

しかし、革命以前へ戻せという王党派、日本ならば幕府復興派だけが「右」「右翼」ではありません。フランス革命の理念を発展させた「自由主義」「民主主義」「社会主義」に対する「保守」「反動」として、「自由・平等・同志愛」に対して、たとえば「秩序・権威・忠誠」を掲げる政治的立場ならば、王党派でなくとも、「右」「右翼」と呼ぶ。ここまで普遍化して考えるならば、自由民権が「左」「左翼」と見做せるのと同様、明治大正の日本にも、「右」「右翼」と捉えられる政治的立場は認められるはずです。

それは、欧米の例と比較していうならば、ドイツなどで国土や歴史や神話をロマンティックに美化したナショナリズム、一九世紀末軍事力、経済力をふるっての対外拡張を訴えた英仏米独など帝国主義諸国のナショナリズムなどと似たものでした。

玄洋社や黒龍会の思想的な特徴として紹介した「天皇中心主義」「国粋主義」は前者。急進的な「対外拡張主義」「国防充実」は後者ですね。両者をまとめていうと、「ナショナリズム」＝「国家主義」となるわけです。

残る「大アジア主義」はどうでしょう。これは欧米諸国に対抗し、アジア諸国とは手を結び、アジア・アフリカを支配下に収めた白人の帝国主義から、植民地を解放しようという主張です。欧米のナショナリズムには当然、この要素はありません（アイルランド、バスクなどマイノリティのエスノ・ナショナリズムは除く）。当時、後進帝国主義国だったドイツやイタリアにしても、植民地獲得競争で遅れをとった敗北感はあっても、フランスやイギリスの植民地とされる恐怖はなかったでしょう。しかし日本は、インドや東南アジアのような植民地化こそなんとか免れたものの、幕末に結ばされた不平等条約で、治外法権を認めさせられ、関税自主権もない屈辱的な半植民地的な地位を強いられていたのです。

こうした国でのナショナリズムは、二〇世紀になってアジア・アフリカの植民地が、旧ソ連や支那の支援などを受けながら独立を勝ち取った際の原動力となった革命的な（「左」「左翼」

的な）ナショナリズムと似た側面をも帯びざるをえません。それが大アジア主義でした。

しかし日本では、この国際的な平等を志向する主張は、どちらかというと「右」「右翼」が得意とするところとされてきたのです。


明治政府は「近代化」した天皇を必要とした

では、明治維新以後、戦前の日本における「右」「右翼」と「左」「左翼」についてまとめてみましょう。

徳川幕府体制への復帰をもくろむ政治勢力がまるで存在しなかった明治の日本においては、「右」「右翼」も「左」「左翼」も、ともに政治や思想の新しい潮流でした。フランス革命後のフランスのように、「左」「左翼」は新しい時代を開こうとし、「右」「右翼」は古い時代を守り蘇らせようとするといった、いわば両者はベクトルが逆方向を向いているというものではなかったのです。

しかし「右」「右翼」が強調した「天皇中心主義」は、徳川幕府、いや平安朝の天皇親政を目指すものではなかったか。そうではありませんね。天皇自体は古代から存在しましたが、洋服や軍服を着た、国家元首、大元帥としての天皇などはむろん近代国家特有の新しく創造された権威です。宮中儀礼の類も、明治以降に整えられたものが多いようです。そもそも徳川時代には、天皇も公家も衰微を極め、京都周辺を除いては知る人すら少なくなっていた状態だったのです。「国粋主義」がいう国の「粋」つまり日本的なるものの核心にしても、明治の知識人の視点からあらためて取捨選択して編集された「歴史」や「国文学」や「日本美術」によって語られるものでした。

君臨するのは大名や将軍、文化的には支那の儒教や漢詩が知識人の尊ぶところだった徳川時代の常識から見れば、「天皇」とか「日本の伝統」とかは極めて革新的なものだったのです。

天皇中心主義、国粋主義（＝日本文化至上主義）は、徳川時代にその源流を求められます。賀茂真淵《かものまぶち》、本居宣長《もとおりのりなが》、平田《ひらた》篤胤《あつたね》らが、古典研究から入って、インドや支那など異国文化の崇拝を戒め日本文化復権を訴えた文化運動が「国学」です。ほかにも儒教思想から「天皇中心主義」「国粋主義」を導いた「闇斎《あんさい》学」「水戸学」などもありました。しかし、徳川時代にあっては、これらは儒教正統派の朱子学やよりリアルな徂徠《そらい》学などに比べれば、ごくマイナーで、かつどこか反体制的な思想にすぎませんでした。徳川期以前にも、日蓮や北畠親房《きたばたけちかふさ》、吉田《よしだ》兼倶《かねとも》など、日本主義、天皇主義を唱えた思想家はいましたが、密教・浄土教・伊勢神道などほどは広まってはいません。

しかし幕末、黒船来航、開国をきっかけに、欧米勢力の軍事的脅威をまえにしたとき、これらマイナーな思想が「尊皇攘夷」というスローガンへ結実して、天皇を中心とする統一国家を樹立して対外的脅威へ抗するという、倒幕の志士たちの行動指針となってゆきました。

猪野健治氏の『日本の右翼』(ちくま文庫)、『右翼』(現代書館)などは、ここに日本の右翼の源流を見ています。

明治政府は「左翼」をも必要とした

しかし、幕府と諸藩を倒し廃して天皇中心の国を創るという、文化的神秘的な統一国家イメージだけでは、欧米と対抗できる近代的独立国家とはならないでしょう。

それには、近代科学技術を導入して陸海軍を創設し、産業を育成する必要があります。いわゆる富国強兵、殖産興業、文明開化ですね。そのとき、科学技術のみならず、その背景をなすと考えられる欧米文化、その宗教や思想や文学までが流入してくるはずです。この一環として輸入紹介された、「自由」「平等」「民主主義」「社会主義」などから日本の「左翼」は始まったわけです。

すなわち、徳川幕藩体制を廃して、新しく近代的統一国家を形成するにあたって、求心的なシンボルとして有効な天皇や国粋的なイメージ(「右」)も欧米の近代文化(「左」)も、ともに必要だったのです。

ですから初期の明治政府内部には、神秘的な天皇信仰を説く国学者もいましたし、中江兆民のようなフランスでルソー流の民主主義を学んできた知識人も役職についていたのでした。

しかし、現実に国家が建設されてゆくにつれて、いくつかの要素は切り捨てられてゆきます。まず「攘夷」は不平等条約を怒りそれを結んだ幕府を倒すエネルギーを結集するには最適でしたが、実際、英仏露など世界の強国と当時の日本が戦えるわけはありません。幕府の開国路線の上で、外交と交易の進展が図られ、「攘夷論」は退けられます。また「天皇」は国家統一最高のシンボル、国家元首として奉り上げられましたが、平田派国学者の古事記、日本書紀などの神話を背景とする神秘的な天皇神学は次第に敬して遠ざけられてゆきます。

反対に、欧米から輸入された新知識でも、自由民権運動勃発により、権力への早急な反逆を促す危険思想だとわかった自由主義、民主主義は、いずれは憲法を制定して議会も開き、欧米に「野蛮なアジアの絶対専制国家」と侮られぬ近代国家体制とする限りでは取りいれることにしましたが、それ以上は排斥してゆきます。

明治政府内の「右派」と「左派」

こうして、明治維新で生まれた国家権力は、独立を維持し欧米と拮抗できるための富国強兵を、基本的な路線として選んだのです。そのなかでも、軍隊の拡充、官僚制度の整備へ力を尽くした山県有朋などを政府内「右派」、憲法制定を一手に担い自ら党首となって政党（政友会）

政治育成をはかった伊藤博文は政府内「左派」といえるでしょう。

そこで排斥された「攘夷」は、西郷隆盛の「遣韓論」、征韓論などのアジア連帯論や対外拡張政策へかたちを変えて生き延びます。だが、政府は当初、相当に慎重で、朝鮮への干渉も対ロシア強硬外交も、最初は反政府的な「右翼」団体、玄洋社や黒龍会が政府から規制や弾圧を受けながらも主張したり独断的な行動を企てたりしたものでした。

「尊王」のうち退けられた神秘的部分は、教育の分野で生き延びました。小学校高学年で教えられる国史は、神武天皇以来の皇統の暗唱から始まり、記紀神話をも歴史として教えるものでした。これは後に昭和の「右翼」へつながってゆきます（一五二〜一五三頁参照）。

自由民権運動が、弾圧や分裂で下火となった後、大日本帝国憲法が施行され、厳しい制限選挙による帝国議会が開かれ、民権派中の現実主義的で穏健な者たち（「右派」）は、衆議院の代議士となってゆきました。反面、「左派」からは、民主主義をさらに社会主義、アナーキズム、共産主義へと過激化してゆく流れが生まれます。たとえば『共産党宣言』を訳し、アナーキズムを紹介して、ついには天皇暗殺計画容疑で死刑となった幸徳秋水は、代表的な左派・中江兆民（この人は第一回衆院選で当選しますが、すぐ辞職します）の一番弟子でした。

明治期、「右翼」と「左翼」はワーク・シェアリングしていた

ただし注意してほしいのは、明治の頃、「右」「左」、「右翼」「左翼」とかいっても、今から考えるほど、両者は分かれても対立してもいなかったという事実です。

玄洋社も初め自由民権を唱える政治結社としてスタートし、リーダー頭山満は、全国的な民権運動の大会などにも出席しています。しかし、明治十九（一八八六）年、清国の艦隊が長崎に入港した際に水兵が市民を暴行強姦し、日本の警察隊と市街戦をやり数十名の死傷者をだす事件が起こったのをきっかけに頭山は、民権よりまず国権だ、他国に侮られぬためには何よりも軍備充実だと悟り、方向転換を図ったのです。自由民権運動の「左派」と呼ばれた大井憲太郎なども、殊に晩年、日本の対外拡張（侵略）を強く訴える論客となってゆきます。中江兆民も、対露強硬と大陸進出を訴える国民同盟会に参加しています。そして頭山は兆民とも交流があったし、玄洋社員来島恒喜《くるしまつねき》が不平等条約改正で日本に不利な妥協案を成立させようとしていた大隈重信へ投じた爆弾は、大井憲太郎が民権運動で用いるために製造したものでした。

さらには、「右翼」も「左翼」も、大アジア主義という点では、かなりの一致を見せていました。

玄洋社の頭山満は、孫文やラス・ビハリ・ボースらアジアの革命家への支援で知られています。幸徳秋水やその弟子のアナーキスト大杉栄は、清国から革命の志を抱いて来日した留学生たちと交流し多くの影響を与えました。このあたり、民族の独立が侵されるのを怒り、欧米の世界支配への抵抗を叫ぶ運動が、実際、「近代」に対して東洋の伝統を保守しようとする「右」なのか、強国の抑圧からの「自由」を求め諸民族の「平等」を実現せんとする「左」なのかという難問がまたもや突きつけられているようです。

玄洋社や黒龍会など「右翼」が唱える大アジア主義は、決して「左翼」が否定するところではなかった。その裏面として、自由民権運動や社会主義者など「左翼」が唱える国民の政治参加や社会的不平等の是正もまた、「右翼」の否定するところではありませんでした。いうなれば、明治にあっては、個々の国民を、政府の圧政から「解放」するのが「左翼」の使命、白人帝国主義諸国の植民地支配から民族全体を「解放」するのが「右翼」の使命というかたちで、両者は役割分担《ワークシェアリング》しながら棲み分けていたといってよいかもしれません。

大正デモクラシー――民権派の体制化・社会主義台頭

その後にやってきた大正時代、大日本帝国の権力は世界史の動向を追いかけるごとく、徐々に右から左へ動いてゆく傾向にありました。いわゆる大正デモクラシーです。象徴天皇の下、議会の多数派から選ばれた内閣が権力を動かす（明治以来、内閣は議会の多数派いかんを全く無視して、天皇の名で伊藤、山県らが任命していた）のが、大日本帝国憲法の正しい解釈だと主張する美濃部達吉の天皇機関説、政党内閣と普通選挙を主張する吉野作造の民本主義などです。美濃部は東京帝国大学教授で機関説は通説となり、普通選挙も有権者は男子二十五歳以上限定でしたが大正の末、実現しました。明治の権力中のたとえば伊藤博文に代表される「左派」が、ようやくここまで発展したといえるでしょう。

大正デモクラシーという権力の一端を担うまでになった「左」のさらに「左翼」には、労働運動の激化、ロシアの社会主義革命の影響下で盛んとなった社会主義、共産主義、アナーキズムの台頭がありました。

むろん権力内の「右派」も、依然、陸海軍や官僚機構として大きな力を持ってはいました。しかし、第一次大戦後の世界的な平和ムード、軍縮の流れに押されぎみだったとはいえるかもしれません。そこには、日露戦争後、日本はまがりなりにも軍事的経済的に先進国の一員を自任できるまでとなって、軍備充実、対外拡張を焦らねばならぬほどの危機が去ったという背景がありました。

昭和初期——共産党と右翼テロの時代

昭和に入り十年も経つと、また「右」「左」のバランスは変貌します。

昭和恐慌、世界恐慌と相次いだ経済危機により、「左」では労働争議や小作争議が頻発し、合法的無産（社会主義）政党が議会へ進出し、禁止されていた共産党の秘密活動も盛んとなります。政府は、共産主義思想弾圧を目的とした治安維持法により、共産党員とその支持者をどしどし逮捕、投獄し、説得により転向（思想を捨てること）させ、時には拷問で殺すという過酷な取り締まりにでます。

同時に「右」では、陸軍の一部が石原完爾などの影響下に満州事変を起こし、満州（＝支那東北部）に傀儡国家満州国を樹立して、日本が実質的に支配する植民地とします。そこではかなりに建前ではありましたが、五族協和、すなわち日・朝・満・漢・蒙のアジア諸民族が、白人支配から独立して共存する大アジア主義のユートピアが構想されていました。その意味でここには、明治の玄洋社系「右翼」的理想の一実現を見ることができるでしょう。

また、若い軍人のなかには、クーデターで権力を奪取し、腐敗した政治家、資本家らを一掃し、理想の日本をあらためて建設しようとする思想を抱く者も現われます。いわゆる革新将校、青年将校ですね。同様な思想を抱き、その実現をもくろむ勢力は、知識人や民間の政治団体にも増えてゆきます。北一輝、大川周明などは、なかでも指導的だった思想家です。

血盟団事件、五・一五事件を頂点とする一連の重臣や軍人官僚へのテロ、二・二六事件を頂点とする一連のクーデター未遂事件は、こうした思想を抱く革新青年将校と民間の「右翼」が引き起こしたものです。あの児玉誉士夫もこの頃デビューした民間右翼でした。

革新右翼――顕教を真に受けた人々

こうした物騒な時代が到来した背景には、やはり国際情勢がありました。第一次大戦後、欧米諸国は軍備を著しく機械化し、国民を総力戦へ動員できる体制を強化しつつありました。そのなかでの後進諸国というべきドイツ、ソ連は、それぞれファシズム、社会主義の体制をとって議会制民主主義を廃し、高度な軍事国家を実現していたのです。

日本も負けてはいられないという思いが、軍人や「右翼」を捉えました。今こそ「昭和維新」を起こし、高度国防国家を樹立しなければならないと。目的こそ軍国主義、国家主義ですが、そこには資本家や政党政治家の金権亡者、権力亡者ぶりを批判して、彼らの犠牲となって窮乏する東北の農民や労働者の救済も掲げられました。そのために、議会制の停止と計画経済を構想するところは、ソ連などの社会主義国家とほとんど変わりません。この点で新しい「右」と「左」は、接近します。明治の「右」「左」はワーク・シェアリングしていましたが、昭和の「右」「左」は似た者同士のライバルだったといえましょう。

玄洋社、黒龍会など明治の「右翼」が、対外拡張主義、大アジア主義という、当時から見れば「未来」を志向していたのと同様、こうした昭和の「右翼」もまた、新しい国家体制を目指す、著しい未来志向を帯びた「革新派」だったといえるでしょう。実際、当時は、彼ら「右翼」の先輩であるムッソリーニ、ヒトラーなどファシストも「左翼」の英雄であるロシア革命指導者レーニンも、同時代の革命家として同列に青年将校などに尊敬され研究されていた節があったのです。また、彼ら革新右翼の一部は左翼とも交流がありました。

しかし、です。それでは彼らはいったいどこが「右翼」なのでしょうか。「権威」と「秩序」を「自由」「平等」よりも優先してはいますが、「右」「右翼」の語源であった「保守」「反動」が彼らにあるでしょうか。なるほど彼らは、「進歩」の極みをゆくと自称するマルクス主義、それを実践する共産党、その実現を図ると称したソ連とは対立しました（反共主義）。しかし、政策自体は、共産党やソ連とけっこうかぶってみえる彼らははたして「伝統」を「保守」しているといえるのでしょうか。

この答えは、彼ら「昭和維新」を唱えた「右翼」が、天皇絶対主義を奉じていた点を考えれば、明らかとなります。

明治維新でできた政府は、天皇を国家の中心に据えました。しかし、それは薩長出身の国家指導者があやつるロボットでした。大日本帝国憲法制定後、それは立憲国家の象徴的君主というかたちで制度化されたのです。しかし、この近代的政治理論を理解していたのは、東京帝国大学などを卒業し、高級官僚や学者となるようなエリートのみでした。一般庶民、またエリートでも軍人向けの教育では、天皇は「万世一系」の「現人神《あらひとがみ》」で全国民の慈悲深い父母と信じさせられたのです。戦後、思想家久野収《くのおさむ》は、これを仏教内のエリート向け教養と大衆向け教義とのダブル・スタンダードに喩えて、前者を「密教」、後者を「顕教《けんぎょう》」と呼びました。

昭和の「右翼」は、明治の権力者が庶民用、軍人用に創り上げたフィクションであるこの「伝統」(顕教)を真に受けました。このフィクションを前提として、私心なき神である天皇が直接支配すれば、農村中心のけがれなき日本が回復できるというユートピアを勝手に美化し幻想していったのです。そして学問的エリートたちの通説だった「天皇機関説」(密教)を、天皇陛下を蒸気機関のごとく見做す不敬な学説ゆえ弾圧すべしと突き上げるまでに到ったのでした(国体明徴運動)。

もう一つ、昭和初期日本の「右翼」が「左翼」と異なる点として、政治行動のパターンと心情があります。「右翼」は個人、または少数同志によるテロ、あるいは軍人を動かしてのクーデターを考えます。「左翼」は多数の労働者を組合などに組織して、ストライキやデモを高揚させた先に革命を考えます。もとより主情的な「右翼」は、自らが自爆的に死ぬロマンティックな行動で人々の心情に訴えようとし、どちらかといえば主知的な「左翼」(小林多喜二など)は、思想と組織(共産党など)が命じる使命を、拷問や処刑の危険も厭わず、機械の部品のごとくクールに果たそうとします。

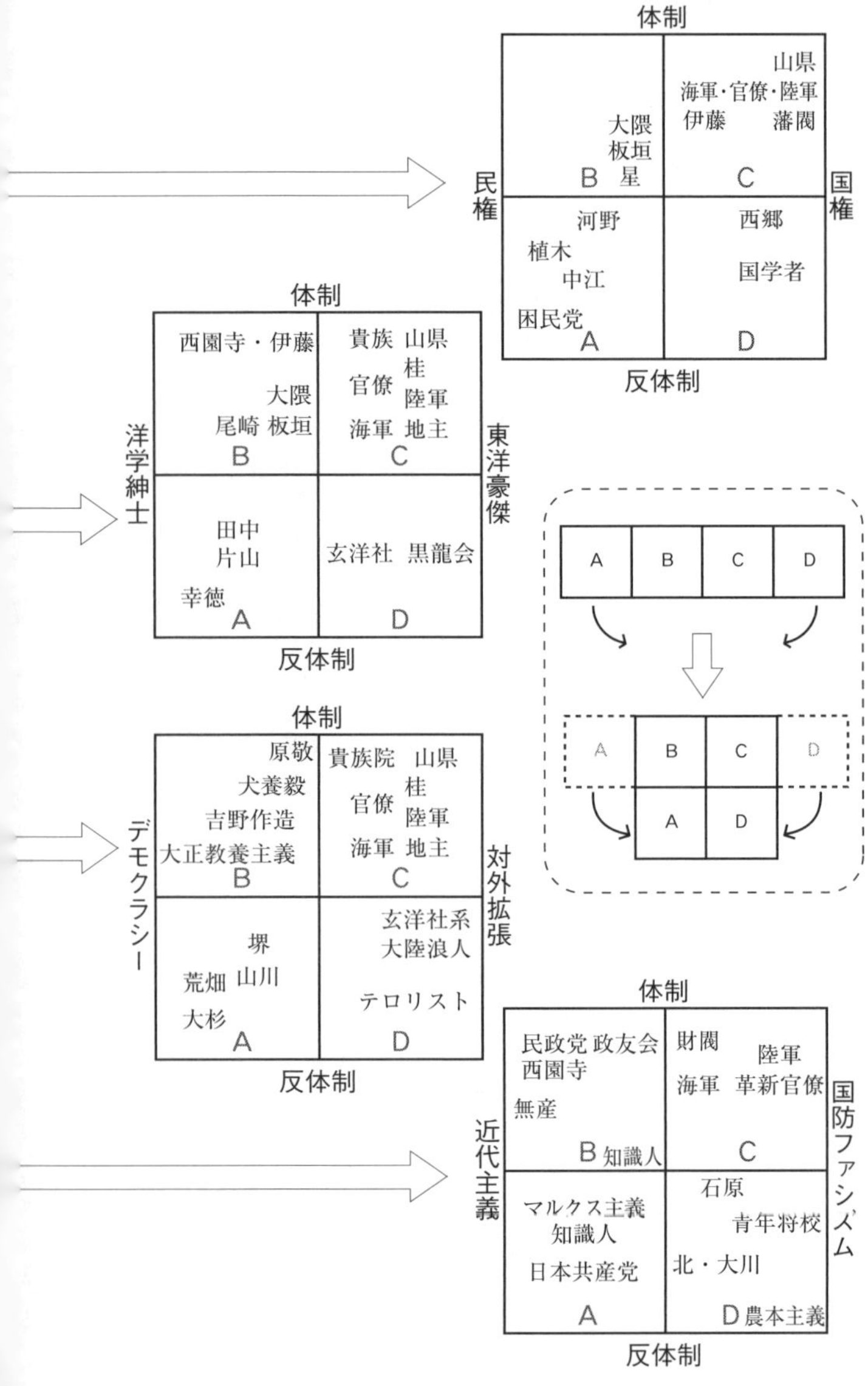

体制
反体制
民権
国権
B 大隈 板垣 星
C 山県 海軍・官僚・陸軍 伊藤 藩閥
A 河野 植木 中江 困民党
D 西郷 国学者
体制
反体制
洋学紳士
東洋豪傑
B 西園寺・伊藤 大隈 尾崎 板垣
C 貴族 山県 桂 官僚 陸軍 海軍 地主
A 田中 片山 幸徳
D 玄洋社 黒龍会
体制
反体制
デモクラシー
対外拡張
B 原敬 犬養毅 吉野作造 大正教養主義
C 貴族院 山県 桂 官僚 陸軍 海軍 地主
A 堺 山川 荒畑 大杉
D 玄洋社系 大陸浪人 テロリスト
A B C D
B C
A D
体制
反体制
近代主義
国防ファシズム
B 民政党 政友会 西園寺 無産 知識人
C 財閥 陸軍 海軍 革新官僚
A マルクス主義知識人 日本共産党
D 石原 青年将校 北・大川 農本主義

明治初期

左	A	B	C	D	右
	河野広中 中江兆民 植木枝盛 秩父困民党 （自由民権派）	大隈重信 星　亨 板垣退助 etc. （議会派）	藩閥官僚 陸海軍 山県有朋 伊藤博文 （有司専制派）	天皇親政派 国学者グループ 西郷隆盛 （反近代派）	

明治中後期

左	A	B	C	D	右
	近代文学者 片山　潜 田中正造 幸徳秋水 （初期社会主義）	伊藤博文 西園寺公望 新興ブルジョワジー 大隈重信 板垣退助 尾崎行雄 （政党政治家）	貴族院 地主階級 官　僚 陸海軍 山県有朋 桂　太郎 （超然内閣派）	黒　龍　会 玄　洋　社 （初期右翼）	

大正期

左	A	B	C	D	右
	白樺派 堺利彦 山川均 荒畑寒村 大杉栄 （大正社会主義）	原　敬 犬養毅 吉野作造 大正教養主義 （大正デモクラシー）	貴族院 地主・ブルジョワジー 官僚勢力 陸海軍 山県有朋 （特権勢力）	テロリスト 大陸浪人 玄洋社系 （右　翼）	

昭和戦前期

左	A	B	C	D	右
	マルクス主義知識人 日本共産党 （左　翼）	西園寺公望 政友会 民政党 無産政党 自由主義知識人 （政党政治）	（満州国） 革新官僚 陸海軍 財　閥 （国家総動員）	農本主義 大川周明 北　一輝 青年将校 石原莞爾 （昭和維新運動）	

大東亜戦争——戦前「右翼」のユートピア実現

昭和十余年までに、共産党など日本の「左翼」で特に急進的だった「極左」は、弾圧でほぼ壊滅していました。無産政党と呼ばれた合法的な左翼政党社会大衆党などはそれなりに勢力を伸ばしていましたが、軍部の大陸進出を歓迎するなど、ファシズム化を強め、「右寄り」となってゆきます。

「右翼」も、テロやクーデター計画は取り締まられ、そのなかでも最大規模の二・二六事件では、首謀者十七名が死刑となります。しかし、天皇絶対主義の顕教教育を受けた一般国民の「右」への同情には広範なものがありました。

以後、大恐慌後の経済危機、第二次世界大戦へ向かう国際情勢の混迷のなか、日本は満州国建国に怒る中華民国との戦争へ突入して事態を泥沼化させ、また国際的孤立へ陥ってゆきます。その果てに、あの無謀な大東亜戦争開戦があるのですが、そのさなかの日本は、明治から昭和にかけて、「右翼」が主張した路線が全て権力によって採用されたごとくだったといえるでしょう。戦争の建前としては、アジアを白人から独立させ大東亜共栄圏を樹立するという大アジア主義が叫ばれ、戦線拡大は対外拡張主義の夢を現実としました。戦時体制下の日本は一種国家社会主義的な統制経済が行なわれ政党を否定した高度国防国家＝国家総動員体制が実現しました。精神的には、天皇絶対主義が社会のあらゆる領域へ浸透し、特攻隊の自爆のロマンが讃えられたのでした。この状況は「権力左翼」が実現したスターリニズム全体主義の右翼版、「権力右翼」の勝利といえるかもしれません。この伝でゆけば、一人一殺の右翼テロリストは「反抗左翼」の、体制内保守派は「自由左翼」の、それぞれ右翼版でしょうか。

しかし、それはつかのまのユートピアに終わります。戦争は無惨な敗北へ陥り、「右翼」最大のロマンだったかもしれない一億総自爆＝本土決戦を待たずして、昭和天皇と政府の権力者は無条件降伏の途を選びました。

戦後、アジア諸国は独立を獲得し、大アジア主義だけは実現したようにも見えましたが、冷戦の下で、アメリカ資本主義の経済植民地とされるか、ソ連の衛星国とされるかの運命を、独立した諸国は免れませんでした。それは日本の「右翼」が長く望んだ「解放」ではなかったのです。そしてアメリカの占領下から日本の戦後が始まります。それは、「右」と「左」両方の側面を兼ね備えた政府権力と、ついに権力には与《あずか》れず、野党、反体制にとどまる「右翼」「左翼」という明治大正期の図式が、占領下での新憲法制定等により、ある程度の仕切り直しを加えられて再来したといってよいものでした。

では、仕切り直しを経た戦後日本の「右」「左」「右翼」「左翼」は、どういうもので、いかなる位置関係にあったのか。これを次章で解き明かしましょう。

第六章　戦後日本の「右」と「左」

——憲法第九条と安保体制

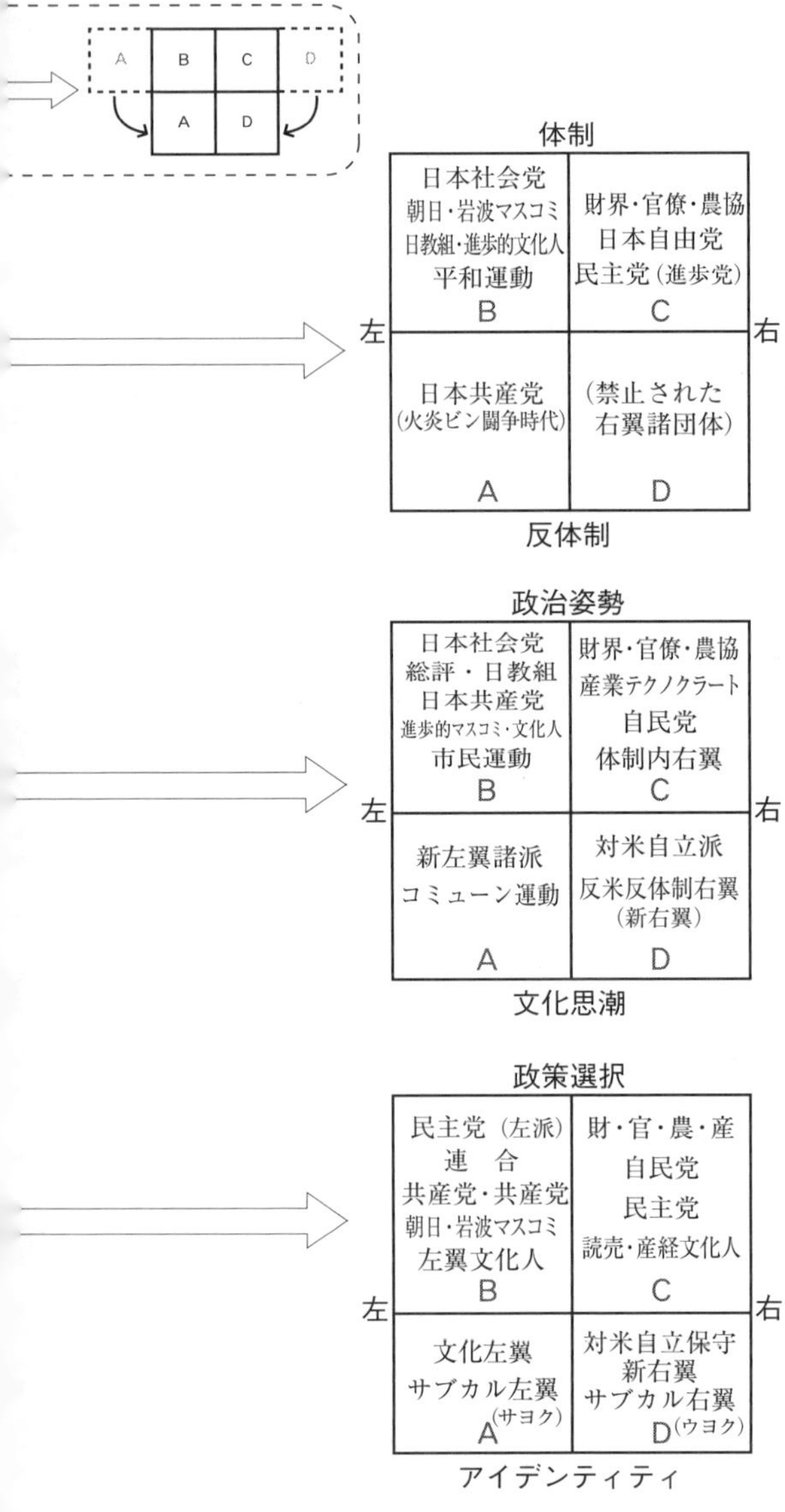
A
B
C
D
A
D
体制
日本社会党
朝日・岩波マスコミ
日教組・進歩的文化人
平和運動
B
財界・官僚・農協
日本自由党
民主党（進歩党）
C
左
右
日本共産党
（火炎ビン闘争時代）
A
（禁止された
右翼諸団体）
D
反体制
政治姿勢
日本社会党
総評・日教組
日本共産党
進歩的マスコミ・文化人
市民運動
B
財界・官僚・農協
産業テクノクラート
自民党
体制内右翼
C
左
右
新左翼諸派
コミューン運動
A
対米自立派
反米反体制右翼
（新右翼）
D
文化思潮
政策選択
民主党（左派）
連　合
共産党・共産党
朝日・岩波マスコミ
左翼文化人
B
財・官・農・産
自民党
民主党
読売・産経文化人
C
左
右
文化左翼
サブカル左翼
A（サヨク）
対米自立保守
新右翼
サブカル右翼
D（ウヨク）
アイデンティティ

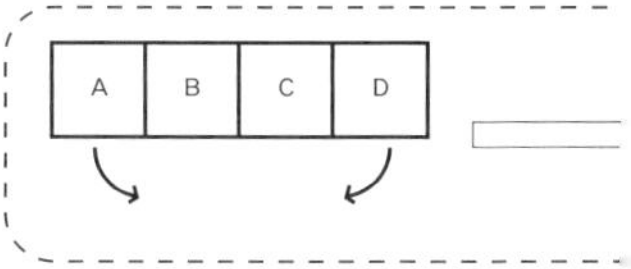

昭和20年代

	A	B	C	D	
左	日本共産党 （火炎ビン闘争時代）	日本社会党 朝日・岩波マスコミ 進歩的文化人 平和運動	民主党（進歩党） 日本自由党 財界・官僚・農協	（右翼諸団体）	右

55年体制（昭和30年～）

	A	B	C	D	
左	新左翼諸派 コミューン運動	日本社会党 総評 日本共産党 進歩的マスコミ・文化人 市民運動	体制内右翼 自民党 財界・官僚・農協 産業テクノクラート	（新右翼） 反米反体制右翼 対米自立派	右

ポスト冷戦期（1990年代～）

	A	B	C	D	
左	文化左翼 サブカル左翼	民主党（左派） 連合 社民党 共産党 朝日・岩波マスコミ 左翼文化人	財・官・農・産 読売・産経文化人 自民党 民主党	新右翼 対米自立保守	右

大日本帝国憲法は「右」にも「左」にも解釈できた

大東亜戦争敗戦後の日本を支配したアメリカ占領軍が主導して行なわれたいわゆる戦後改革により、日本における「右―左」の配置はどう仕切り直されたでしょうか。

大正デモクラシー期から昭和初期にかけて、日本の政治権力に与った諸勢力には、陸海軍、エリート官僚、財閥、大地主、貴族院議員などの明治の藩閥専制権力の路線を引き継ぐ「右」と、政党政治家、新興実業家、自由主義知識人といった「左」がありました。

権力に与れない反体制的勢力としては、この右のさらに「右翼」に、青年将校や国粋主義の諸団体が、この左のさらに「左翼」に、社会主義、共産主義、アナーキズムの諸運動があったわけですね。

衆議院の多数派が内閣を組織する政党内閣制度は、権力内の「左」を支えた政治理論家吉野作造が編みだした大日本帝国憲法の一解釈によるものでした。帝国憲法には、大臣は天皇が選ぶとしか規定されていません。これを「(基本的に衆議院の多数派から)天皇が選ぶ」と解釈したわけです。ですから、この逆に、衆議院の多数がどうあろうと「天皇が(側近の言に従い)選ぶ」と解釈もできます。明治時代はその解釈で政治が運営されてきましたし(超然内閣)、大正デモクラシー以後も「右」の勢力は依然、そう解していました。

同様の違いは、「天皇は神聖にして侵すべからず」という条文を、「天皇は政治責任を全く負わない。だから、実質的政治決定権は天皇にはない」と象徴天皇制的に解する「左」（「密教」だった美濃部達吉の天皇機関説）と、「顕教」そのままに文字通り天皇を絶対視する「右」「右翼」とにも見られます。

一つずつ「左」へズラす仕切り直し――戦後体制の出発

戦後、主に占領軍によって起草された日本国憲法は、象徴天皇制と議院内閣制を明文で規定しました。つまりかつての「左」の（「密教」的）解釈が、もはや解釈の余地なき体制として確定採用されたのでした。

この改正により、戦前の権力内の「右」のごとき考えを取る勢力があったとしても、その実現には日本国憲法体制を覆さなければならなくなりました。つまり、戦前の権力内「右」は、反体制の「右翼」へ押しだされたのです。

日本国憲法は、帝国憲法よりもはるかに徹底した人権保障規定を設けました。占領軍はそれに先立ち、戦前、反体制左翼の言論弾圧を根拠づけた治安維持法などを皆、廃止させました。その結果、日本共産党のような、ずっと非合法だった「左翼」が合法化され、衆議院へそれなりの議席を得られるまでになったのです。

そんな「左」から押されたように、戦前には体制内の「極左」だった「無産政党」＝穏健な合法的社会主義の諸政党は日本社会党へ結集して、日本国憲法施行後最初の総選挙では、第一党となるほどの勢力となり、短い期間ですが連立内閣の首相をだすまでになりました。戦前には体制内の「左」（リベラル）、自由主義的でデモクラシー的で反軍的と見られた政友会や民政党の政党政治家たちは、戦後は「日本自由党」「進歩党（後、民主党と改称）」という保守政党を結成、体制内の「右」の座を占めるに到ります（一六〇〜一六一頁の図版参照）。

あたかも、左から日本共産党が仲間入りしたため、席順が一つずつズレてゆき、一番右に座っていた戦前体制内の「右」が押しだされ、席にあぶれてしまったごとしですね。実際、占領軍による改革では、陸海軍は完全に解体され、その幹部の多くが戦犯として処刑投獄されたり公職追放となりました。財閥は解体され戦争に協力した大物経営者は追放され、若手の実業家の時代が来たのです（三等重役）。自分は農業に従事せず多くの小作人から地代を年貢のごとく搾りとって生きていた寄生地主も、農地解放でその土地を小作人へ分け与えさせられました。

戦前、こうした「右」のさらに「右」として影響力を誇った、玄洋社など明治以来の政治結社も昭和維新や軍や政治の革新を叫んでクーデターやテロを企てた「右翼」団体も、占領軍により日本のファシストと見做され、解散させられ公職追放となりました。

要するに、新しい憲法と戦後改革により、日本の政治体制は、一歩「左」へ向けて仕切り直されたといってよいでしょう。その限りで、日本近代史が、フランス革命史、欧米近代史を追いかけていった図式が見られますね。

戦後日本における「進歩」の方向

さて、それではここでいう、「より左」となったとは、どういう意味でしょうか。

明治の自由民権期に勃興し、大正デモクラシー期にそれなりの進展を見せた、自由主義、民主主義がより定着し、社会主義、共産主義もその勢力を拡大した。こんなところでしょうね。問題は、当時、日本はここからさらにいかなる「未来」へ向けて「進歩」してゆくべきだと考えられたかです。その方向へ、急進すべしとするのが左翼、極左、漸進すべしとするのが穏健な左から中道保守までで、進むべからずが保守で右、むしろ戻るべしとするのが右翼反動。こうなるわけですから。

敗戦直後の五年間ほど、昭和二十（一九四五）年から二十五（一九五〇）年までは、占領軍の圧倒的な権力の下で諸改革が進められ、そのなかには、農地解放、最低賃金や八時間労働を盛りこんだ労働立法など、社会民主主義者が主張しそうなものまでが含まれていました。占領軍の民政局に、ニューディール派というアメリカの民主党系の左翼が勢力を張っていたからです。当時の右＝保守政党も当然、これを阻めないわけで、逆にいえば、日本の社会主義

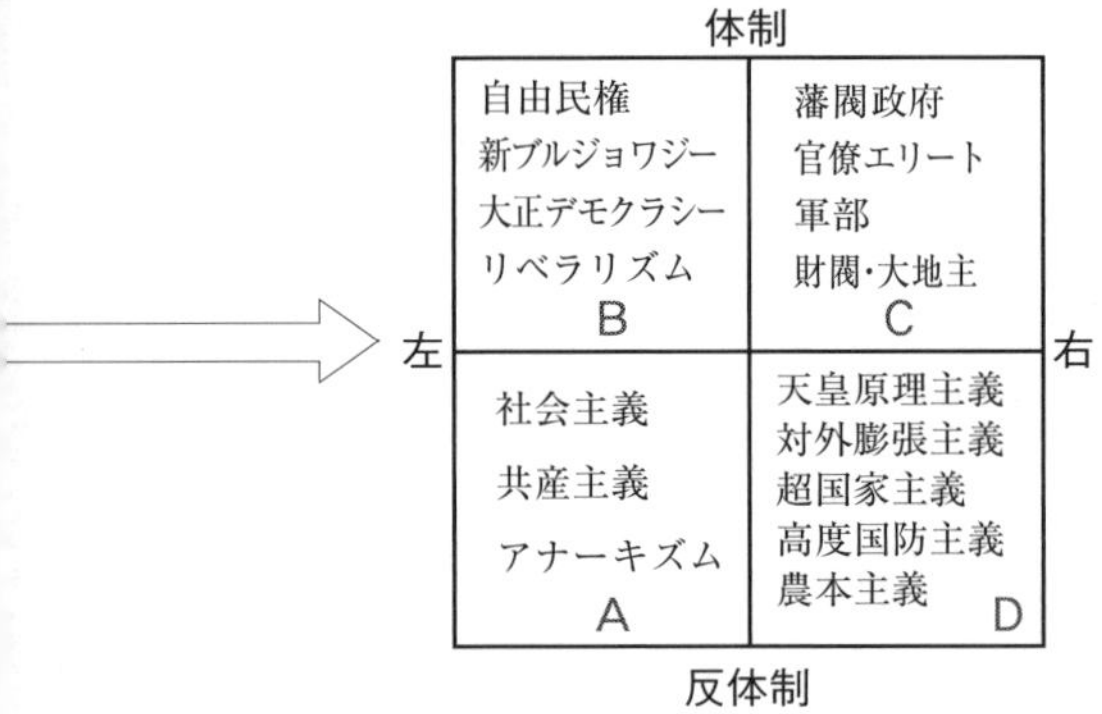
体制
自由民権
新ブルジョワジー
大正デモクラシー
リベラリズム
B
藩閥政府
官僚エリート
軍部
財閥・大地主
C
左
右
社会主義
共産主義
アナーキズム
A
天皇原理主義
対外膨張主義
超国家主義
高度国防主義
農本主義
D
反体制

体制
社会党 共産党
朝日・岩波系
マスコミ
進歩的文化人
B
自由民主党
財界・官界
保守親米
マスコミ
C
左
右
新左翼
新左翼知識人
サブカルチャー左翼
A
戦前回帰派
対米自立派
反米・反財界
（新右翼）
D
反体制

戦前

左 A	B	C	D 右
社会主義 共産主義 アナーキズム	自由民権 大正デモクラシー リベラリズム 新ブルジョワジー	藩閥政府 官僚エリート 軍部 財閥・大地主	天皇原理主義 対外膨張主義 （大アジア主義） 超国家主義 高度国防主義 農本主義

A → B

B → C

C → D

戦後

左 A	B	C	D 右
新左翼 新左翼知識人 サブカルチャー左翼	日本社会党 日本共産党 朝日・岩波系マスコミ 進歩的文化人	自由民主党 財界・官界 保守親米マスコミ	戦前回帰派 対米自立派 反米・反財界 （新右翼）

者、共産主義者が占領軍や保守党を突き上げて、さらに改革を急進させる必要がなかったくらい、戦後改革は急進的だったのです。

だから、最左翼の急進勢力、日本共産党ですら、資本主義だから本来なら仇敵《きゅうてき》のはずのアメリカの占領軍を、一時期とはいえ解放軍として歓迎したのでした。

強いていえば、民主化、平等化が進んだのに、戦時中、大元帥だったはずの天皇だけは、東京裁判でも戦犯とされず、退位などの引責もないまま残されていました。最左翼日本共産党の指導者徳田球一が、天皇制打倒を大きなスローガンとして一定の人気を得たのは、正しくこの一点に「さらにその次」を見たからでしょう。

マルクス主義者なら当然、歴史のこのまた先に、社会主義革命を想定していました。二・一ゼネストと呼ばれる労働組合が一丸となったストライキ計画などには、そうした動きも認められます。しかし、アメリカ軍の占領下では、共産党結成の自由までは保障されても、革命は許されるはずがありません。この計画はたちまち占領軍の命令一下、中止させられてしまいました。

こうして共産党もようやく、アメリカは敵だと気づきます。

戦後日本的「右―左」図式の始まり

昭和二十五（一九五〇）年前後から、戦後日本の「右」「左」は、新しい状況へ入ります。それはある意味で現在までも続く、戦後日本的な独特の「右―左」対立の始まりでした。それは一言でいえば、「右―対米従属と再軍備と九条改憲」対「左―中立と非武装と護憲」という対立です。

フランス革命以来、欧米でいう「右」対「左」には、既述のように「武装」対「非武装」という要素はまずありません。一九世紀以降の、「左翼」＝社会主義、共産主義を目指す急進派という理解からも、「左翼」が非武装中立を唱える必然は導けません。

ではなぜ、戦後日本に限って、これがほとんど揺るがぬ常識となったのでしょうか。

敗戦直後、日本社会党や日本共産党は一定の国民的人気と注目を集めました。しかし、国民が彼らへ寄せた主な期待が、資本主義の社会を革命して、社会主義、共産主義を実現してもらおうというところにあったかどうかは、実はよくわかりません。当時、旧ソ連という「社会主義国」の実態もまだよくわからず、マルクスなどが説く理論は国民一般がよく知るところでもなかったのですから。とすれば、穏健そうな日本社会党へ投票したかなりの数の有権者たちの裡《うち》に、仮に社会主義革命による理想社会のイメージがあったとしても、それは当時より豊かで誰もが飢えない平等な世の中といった程度だったと思われます。

日本共産党には、知識人や学生など青年層の支持が集まりました。しかしこれだって、マルクス主義や共産主義の理想への共鳴ゆえとは限りません。それ以上に、戦前、敗戦の未来を見抜いて、過酷な弾圧を加えられながらも転向せず、十数年の獄中生活に耐えた共産党員たちの思想的一貫性と道徳的潔癖が、社会党員を含め誰もが何らかの戦争協力者としての古傷を持つ当時、だんとつに輝いていたゆえではなかったでしょうか。あるいは、他のどの勢力もためらった天皇制打倒の叫びを果敢にもぶち上げたという、徹底性と一貫性、危険な香りも、若い世代には魅力だったでしょう。

米ソ冷戦と平和憲法の空洞化

しかし、社会党や共産党や彼らを支持する労組や知識人の魅力は、昭和二十五（一九五〇）年前後を境として、何より「反戦」「平和」「中立」という大看板へ収斂してゆくのです。

こうなった背景にはまず、国際的なアメリカとソ連との対立、すなわち冷戦がありました。海の向こうでは支那で中華人民共和国が成立、やがて朝鮮半島にて、冷戦どころか朝鮮戦争が勃発します。そんな情勢下、占領軍の日本統治と改革方針は、大きく転換されていったのでした。いわゆる逆コースの到来です。

当時、ソ連、中華人民共和国を賛美し、親密な関係にもあった日本共産党の党員は、新憲法下にもかかわらず公職を追放され（レッドパージ）、日本共産党には占領軍と保守党政府から謀略まで含むさまざまな弾圧が加えられました。後の破防法へつながる公安条例が各地で制定され、集会やデモが取り締まられます。

逆に、それまで軍国主義者として公職追放となっていた戦前戦中の政治家や軍人が復権し、また後の自衛隊となる警察予備隊がアメリカ軍の命令で緊急組織されます。いわゆる日本の再軍備が始められたのです。

逆コースと呼ばれたこうした諸政策の背景には当然、ソ連、中華人民共和国、北朝鮮を敵として、熱冷両方の戦争状態へ入ったアメリカが、日本を弱体化した非武装平和国家としてではなく、産業でも軍事でもアメリカの有能な手足となる従属国、同盟国としてゆこうとする戦略がありました。すなわちアメリカ占領軍によって、日本は否応もなく、西側＝資本主義諸国の陣営の一員とされ、東側＝社会主義諸国の敵とされたのでした。

思えば、大東亜戦争敗戦直後は、まだ米ソ対立は決定的ではなく、この両大国を中心とする国際連合が、安全保障理事会が組織する国連軍を擁して、どんな国家や勢力からも中立な国際的権力として世界平和を保障する力となってゆく未来がある程度は信じられたのです。

日本国憲法が、前文で「われらの安全と生存を」「平和を愛する諸国民の公正と信義に信頼して」「保持しようと決意した」と規定し、ゆえに戦争は放棄し、交戦権と軍備を否定するとする第九条を設けたのも、こうした情勢を考慮するならば、必ずしも観念的な理想論とはいい切れなかったのでした。

しかし、日本国憲法が施行された昭和二十二（一九四七）年、すでにこの情勢は失われていました。米ソ冷戦は早くも決定的となっていたのです。世界が二つの陣営に分かれて対峙するに到った以上、日本には、「平和を愛する」と見做したどちらかの陣営へ加わってそれを率いる強国の庇護下に入るか、スイスのように国民皆兵で強力に武装してどちらの陣営からの圧力も撥ね除ける中立路線を堅持するかしか、途はありませんでした。そして、現にもうアメリカ軍の占領下にあるという既成事実からして、日本人に選択の余地はなかったのです。

「吉田ドクトリン」と「非武装中立」の対立——安全保障をめぐる国内冷戦

だが、これは現在だからこそいえる後知恵でしょうね。

当時の日本人は、国内冷戦とでもいうべき、国論の大分裂を見たのでした。今日にまで到る戦後日本の「右」「左」イメージの起源はここにあったのです。

「右」、吉田茂率いる与党自由党は、占領軍が命じる逆コースの指令を忠実に実行し、日本を西側陣営の一員、アメリカへ軍事的に従属する国としてゆく途を選びます（吉田ドクトリン）。ただし、再軍備は進めるものの最低限にとどめ、アメリカ軍基地として国土を提供して、その軍事力の傘の下、資本主義的な経済復興へ専心してゆくかたちで、憲法の前文や第九条にあり、国民的にも支持が多かった非武装平和国家の理想も幾分か取りこんでいました。

「左」、社会党や共産党、また知識人、マスコミの多くは、何ごとも占領軍のいうままに従い、アメリカの植民地のごとく従属し、西側諸国の一員となるのは、すなわち東側諸国を敵とするわけだから、戦争の際、ソ連や中華人民共和国からは、アメリカの軍事基地を国土内に持つ西側諸国の一員、すなわち敵とされ、核を含む攻撃を加えられるだろう。ゆえに絶対的な非武装中立を保ち続けなければならないと説きました。

「右」が、冷戦激化後の情勢を見据えて現実的な対処を考えたのに対して、「左」は、日本国憲法前文と第九条が制定された当時のままの理想を、その前提が失われてもなお、堅持しようとしたわけです。

「封建的」な「旧日本」と「進歩的」な「新日本」の対決

この「右」から見れば「左」は、国際情勢の変化という現実を直視せずに、国連成立時の状況を絶対視し、観念的な理想論をふりまわす世間知らずと映ったでしょう。逆に「左」から見た「右」は、戦前戦中からようやく大きく前進して実現した日本国憲法体制を、「逆コース」でまた戦前へと戻そうとしている巨大な反動的勢力と映ったでしょう。

後者、つまり「左」から見た場合、この対立は、旧い日本と新しい日本とが全面対決している図と映ったはずです。もう、棲んでいる世界＝文化からして違う、価値体系が異なる旧新日本人。「旧日本」とは、当時まだ人口の過半を占めた農村、今日からは想像もつかない、水道でなく井戸、ガスでなく竈《かまど》と囲炉裏《いろり》、炭と薪《まき》。衣食住はまず全て自給自足。牛馬と人力で営まれ肥料は汲《く》み取った人糞で、星がのこる早朝から日々始まる重労働。鍵がかかる部屋も戸締まりもありえない「個」のないイエ、ムラ共同体。家長と跡継ぎ息子のみが自由な大家族。家畜なみに低い女性の地位。

都市であっても、裸電球が一つぶらさがるほかは農村同様、ガス、水道もなく、トイレは汲み取り。一階建て一間住まいが井戸端を共有するプライバシーなき長屋生活が普通でした。子沢山の家庭は隣組、町内会へ組織され、人口の八割が、小学校を終えれば、百姓として、あるいは丁稚《でっち》女中奉公から働き始め、男は兵役を終えて女は子供を産んで一人前。

こうした絶対的な貧しさを大前提として、ごく少数の地主、財閥、学歴エリート（大卒は数%にも届かず、中等教育すら二、三割でした）らが君臨し、軍人と警官、役人と先生が畏敬され、天皇を幻想の家長とする大家族、ムラとしてのアジアの共同体的国家日本が成立していました。例の大正期以降の立憲国家、政党政治の成長も、この「ごく少数」の超セレブ内での「密教」であって、大多数の国民は、愛国と天皇絶対主義という「顕教」、忍従と倹約の農村的な道徳意識のなかで呼吸していたのです。

戦後、こうした「旧日本」的なものは全て、「封建的」と括《くく》って呼ばれ、殊に知識人や「意識の高い」青年らにとって「全否定」の対象となりました。本当は、イエ制度にしろ絶対天皇制にしろ軍国主義にしろ、旧日本の特徴は、「封建時代」＝幕藩体制下にはまず存在せず、明治以降のものなのですが。全否定される「封建的」の反対にあって、全肯定された新日本のスローガンは、「民主的」でした。それは新しい日本へ向かうから「進歩的」「革新的」であり、旧日本的な臭《にお》いを残す全ては、「保守反動的」と唾棄《だき》されたのです。

そして——、

占領下、流入したアメリカ文化と新憲法とがもたらしたもの、たとえば男女同権。私的消費の欲望の明朗な肯定。恋愛の自由。権威によらぬ話し合いによる決定。学歴と教養、文化人への尊敬。社会問題への意識の高さ。純粋さ、潔癖さ、ひたむきさ、苦悩、歌声と踊りなど「若さ」「青春」の全面的な賛美。都会のビルディングへ通勤する学歴あるホワイトカラー。トラクターと化学肥料が導入された農村。

こうしたものを肯定し、憧れ夢見る「新日本」的な価値観の大きな中心に、何よりも「平和」がありました。「封建的」「反動的」の最たるものとされた天皇陛下、軍人、警官、教師などの権威等は全て、あの「戦時中」の記憶と結びついたかたちで、嫌悪されたのでした。

それゆえ、始まった「逆コース」が、警察予備隊を手始めに再軍備へ取りかかり、日本が冷戦体制へ組みこまれる方向へ進んだとき、軍隊、戦争と結びついてイメージされた旧日本の全てが復活しかねない恐怖と焦りが、「民主的」「進歩的」な人々をとらえたのです。

政治学者綿貫譲治、大嶽秀夫らによれば、旧日本、戦前的な価値体系を抱いた、当時の低学歴で高年齢な農業、小商店など自営業者らは、「再軍備」を支持し、新日本、戦後的価値体系を抱く、当時の高学歴、若年、ホワイトカラー層は、平和主義を支持するという対立図式が、昭和二十年代後半（一九五〇年代）から昭和五十年代初め（一九七〇年代）まで、意識調査にはっきり顕われたそうです。

この「旧日本」派は、アメリカ化した「近頃の若者」は「軍隊へ行かないから」軟弱でなっちょらんと嘆くお百姓や下町の店主や職人のおっさんおばさん層を含み、昭和四十年代くらいまではかなりの厚みがあったのです。ゆえに自由党、民主党ら保守勢力は、（吉田茂、芦田均、鳩山一郎らそのリーダー自身は、欧米風近代派だったにもかかわらず）こうした層の票が相当見こめると考えられた昭和四十年代前半くらいまでは、教育勅語的な天皇敬愛、愛国心、勤勉と孝行といった旧道徳復活、歴史教育の戦前化、若者を鍛えるための徴兵などを選挙公約に掲げたのでした。

ある意味これは、フランス革命で権限を奪われたブルボン王朝の復活をもくろんだ「王党派」右翼の日本版でした。占領軍による戦後革命で覆された天皇が神であった時代を再興しようというのですから。

こうした「右」に対して、もっとも反撥した「左」が、進歩的知識人の影響を受けた教育界でした。「教え子を再び戦場へ送るな」をスローガンとした教員の労働組合「日教組」は、「新日本」派の旗頭となり、「旧日本」派政府の意向を受けた文部省が、教科書検定や勤務評価の制度で教育を再管理しようとすると、いわば「新日本」派の前衛部隊のごとく、徹底対決したのです。

後に触れる戦後日本の「右翼」が、「日教組」を主要な攻撃対象としてきた遠因はここにあります。

国論大分裂――サンフランシスコ講和条約と六〇年安保改定

さて、「平和」の問題を、何よりも前面へ押し出して闘われた「右」と「左」の対決は、昭和二十六（一九五一）年、日本がようやく敗戦後の占領状態から脱して独立国家として認められるために、大東亜戦争で敵国とした世界中の国々と結び直すべき講和条約をめぐって火を吹きました。

「右」である吉田茂首相と自由党政府は、アメリカを筆頭とする西側諸国とのみ講和する条約にサンフランシスコで調印し、ソ連ほか東側は無視しました（片面講和）。どちらの陣営に与《くみ》するかをこれで明確にしたのです。同時に、日米安全保障条約（安保条約）が結ばれ、日本は占領終了後も、アメリカ軍の基地として国土提供を継続する旨も確定したのでした。

これに対して「左」である社会党、共産党や多くの知識人（「進歩的知識人」「進歩的文化人」と呼ばれました）は、東側をも敵視せず、双方と同時に講和条約を結ぶべきであって（全面講和）、安保条約などはどこの国とも結ばず、アメリカ軍には出ていってもらい、独立日本は、日本国憲法の建前を文字通りに貫く、非武装永世中立国として出発すべきだと訴えて、政府の講和に対して徹底的に反対したのでした。

安保条約には幾つかの欠陥が指摘されていました。それで八年後の一九六〇（昭和三十五）年、岸信介（安倍晋三総理のお祖父さんですね）内閣がこれを改定強化（アメリカ軍の日本防衛義務を明文化）しようとすると、これを阻止して条約を廃棄せよと訴える「左」が、国民的反対運動を展開した有名な「六〇年安保闘争」が起こったのです。

こうした「左」からの根強い批判はありましたが、吉田茂から自民党の保守本流へ引き継がれていった、駐留米軍と小規模の自衛隊による安全保障という戦略（吉田ドクトリン）は、七〇年代までには国民的な合意として定着します。

なぜかというと、冷戦の一方へ加担してみても、第三次世界大戦でソ連や中華人民共和国が日本の米軍基地を攻撃するような懸念された事態は起こりませんでした。外交的にも、ソ連や中華人民共和国との国交も、時間はかかりましたが、無事回復します。自衛隊は次第に増強され、防衛予算も日本経済の急成長とともに拡大してゆきましたが、(自由党と民主党が合同してできた)自由民主党は同時に、非核三原則、武器輸出三原則、防衛費はGNP1%内といった平和主義の枠を明確にし、憲法改正や徴兵制、戦前的な軍国主義への復帰は、これまた現実とならないまま、半世紀が過ぎていったのでした。

戦後左翼の甘え――革命戦争を避けた非武装中立主張

結果論として考えるならば、戦後日本の「右」「左」最大の対立軸というべきこの「防衛論議」も、実は大した対立ではなかったのかもしれません。

というのは、社会主義、共産主義を掲げる政党を中心として、マルクス主義を信奉する多くの進歩的知識人を従えた「左」=「平和勢力」は、あくまで「非武装中立」以上のことは主張しなかったからです。少なくとも昭和三十年代まで彼らのほとんどは、旧ソ連を理想の社会主義国だと信じていました。しかし、ソ連へ訴えて、ソ連軍の力で、アメリカ軍基地を日本から撤去させ、以後は日ソ安保条約を結んで東側=社会主義陣営の一員となり、徴兵された日本人民解放軍でソ連や中華人民共和国を助け、共産主義を目指す人類の進歩へ与しようとの主張はまず見られませんでした(花田《はなだ》清輝《きよてる》「『慷慨談』の流行」は稀な例外です)。アメリカは社会主義の敵で反動勢力、悪である、だから倒すべきだが、日本の共産主義者は「平和」を唱えて何もせず、資本主義打倒の闘いは、ソ連の赤軍や中華人民共和国の人民解放軍へお任せしよう。そういう何とも虫のいい、マルクス主義者、左翼ばかりだったのです。

あるいは、彼ら「左」は、ソ連や中華人民共和国は正義の社会主義国だから自ら戦争することは絶対にない、だからアメリカ軍の基地さえなくせば、日本はもうそれだけで「平和」となる。そう考えていたのでした。だからたとえば、六〇年代後半、激化するベトナム戦争へ反対する日本人を結集しようとした市民運動「べ平連」が、「平和」を訴えたときも、アメリカ軍をベトナムから退去させて「平和」をもたらすという主張ばかりされて、アメリカ軍を強化してソ連、中華人民共和国の影響を排し、「平和」を実現しようという発想は皆無でした。日本人はこの後者の「平和」を日米安保体制下でのうのうと享受していたくせにです。

戦後右翼の甘え――反米闘争を避けた反共主張

逆に、「右翼」もまた、極めて不徹底な立場しか主張できませんでした。

「右」と呼んできた吉田茂の自由党政権のさらに「右」というべき立場として、占領下でアメリカが作った憲法を改正して自主憲法を制定し、その下で堂々と日本軍を再建して軍事的にも独立を完成しようと主張する人々もいたのです。敗戦直後、進歩党のリーダーとして短期間、首相も務めた芦田均などは、進歩党改め改進党、民主党という保守政党に結集し、アメリカべったりで従属的な日米安保の下、日本の軍事的独立達成を怠っている吉田政権を、「右」から攻撃したのでした。安倍首相のお祖父さん岸信介元首相も、安保改定の先に、自主憲法制定と再軍備により、アメリカから自立した日本を構想していた節があります。安倍晋三首相が「右寄り」と言われがちなのは、一つに、このお祖父さんの政治的体質を継いでいる節があるからです。

あるいは、占領下で解散など弾圧された戦前の「右翼」団体も、「逆コース」の下で活動再開を認められ、国粋主義の立場から、欧米渡来の観念的理想をふりまわす民主主義、社会主義、共産主義から、日本の伝統を守れという訴えを展開しました。それは当然、自主憲法、積極的再軍備の主張へつながってゆき、芦田ら民主党とも接近してゆきます。「左」陣営から見れば、ここに吉田政権以上の「極右」「反動」が生まれたわけですね。

ところが、この「右翼」にも大きな限界がありました。国粋主義、ナショナリズムからすれば、革命で共産党の政権ができ、当時ならソ連や中華人民共和国の実質的な指導下へ日本が入る危険は、ソ連の衛星国とされた東欧などの悲劇に照らしても座視できなかったでしょう。六〇年安保闘争で左翼運動が未曾有の盛り上がりを見せた直後、山口二矢少年が浅沼稲次郎社会党委員長を演説会場で刺殺した戦後右翼最大のテロも、この「反共」が尖鋭に主張された例です。

しかし、それでは、敗戦後日本がアメリカに従属していった事実はどうするのでしょうか。この間まで鬼畜と呼んで戦ったアメリカ、都市大空襲や原爆で日本の民間人を大量虐殺したアメリカをこそ、民族の最大の敵として撃つべきではなかったか。むろん芦田民主党や岸信介元首相や右翼は、日本民族の誇りを回復するため、まずは自衛隊でなく日本軍再建をと説きました。問題はその後です。

実は彼らは皆、結局は日米同盟を肯定する結論を選んだのでした。アメリカに完全従属でなく、多少は距離を保ってプライドを守れる程度には、日本軍を再建しよう。そこまでだったのです。むろん、国際情勢、軍事情勢から考えて、アメリカと完全拮抗できる軍事力を備えようという主張は非現実的すぎたでしょう。しかし、「今は情勢上仕方がないが、いつかは」という遠い理想のレベルですら彼らは、日米同盟という目先のさらに先をほとんど語れなかったのでした。三島由紀夫、福田《ふくだ》恆存《つねあり》という戦後の「右翼」「保守」最大の知性も、この限界を免れてはいません。

日本国民の間に、底流としてくすぶり続けた「反米」感情を吸い上げたのは、大東亜戦争へのノスタルジーを誘う戦記ものブームなどを除けば、むしろ、「日米安保反対」を徹底して叫んだ「左翼」陣営、殊に日本共産党、また日本社会党、全学連などだったのです。

「正義」を犠牲とした「平和主義」

保守派・右翼の側としてみれば、最悪である共産主義の脅威へ対抗するため、最善である日本一国での世界戦略が難しい現状に照らして、日米同盟という次善を選んだまででしょう。だがこれだけで、「反共」が達成された先のビジョンを欠く限りは、吉田茂の路線、敢えて独立という名は捨ててアメリカ従属を選び、日本人の血は流さず、核の傘による安全と経済発展という実をちゃっかり獲得しようというしたたかさに勝てないでしょう。

実際、芦田らの民主党も、また赤尾敏《あかおさとし》、児玉誉士夫ら戦前以来の有力な右翼リーダーも、日本軍復活に郷愁を覚える「旧日本」型、戦前派の当時の中高年層から一定の人気を集めた程度で終わり、民主党もやがて自由党と合同（昭和三十〈一九五五〉年）して自由民主党となって独自性を失っていったのでした。

右翼団体も、その実態といえば、ヤクザ、暴力団、総会屋が、合法的偽装のために「反共」「国粋」を建前とする政治団体を名乗っていた例が七、八割でした。自由党なども、社会主義、共産主義運動を妨害するため、暴力団らを右翼へと組織し、たとえば六〇年安保の市民デモへ日本刀を抜いて殴りこませるといった工作をしたのです。以後も、反戦などの市民集会、総評、日教組など左翼的だった組合の大会へ黒塗りの街宣車を連ねてする今やおなじみの威嚇行動が彼らの活動の定番となってゆきます。その活動資金も左翼のような大衆的寄付（カンパ）や労働組合からの援助などは期待できず、企業への恫喝的献金要求などが主でした。

ヤクザ、暴力、怖いといった「右翼」イメージが、これで決定的となってゆきます。

かつての大東亜共栄圏のように、第三世界、AA諸国、エスノ・マイノリティの民族のため、アメリカからもソ連からも完全中立な日本軍が、正義を掲げて戦うといった構想を中心に掲げる「右翼」は、ほとんど出てきませんでした。

この側面はむしろ、ベトナム反戦などを叫んで、植民地独立闘争へ共感を訴えた「左翼」が継承したのです。

「左翼」も「右翼」もともに、日本人が血を流して戦うのは懸命に避けようとし、ためにどちらの「正義」をも犠牲とした。これが戦後「平和」主義の正体でした。

この方針を「左」である社・共両党や進歩的知識人がトス上げし、それを「右」である自由党（後には自民党）が受け、日米安保といったかたちで現実的政策化してゆく。これが戦後日本だったのです。

経済復興から高度経済成長へ――「左」がトス上げ「右」が実行

一見、尖鋭な「右」「左」対決があったように見える防衛論議ですら、裏では両者が補完し合ったこうした出来レースの嫌いがあった。この傾向は、経済ではさらに顕著だったといえるでしょう。

大東亜戦争末期、アメリカの空爆で焼け野原となった日本では、「右」「左」どちらの立場をとるにせよ、産業復興は急務であり悲願でした。社会主義か、資本主義かは、単に手段いかんという問題にすぎません。

敗戦直後の日本社会党政権片山哲内閣は、マルクス経済学者有沢広巳の理論を採用し、まず全産業の基盤となる石炭と鉄鋼を優遇して再建強化して、徐々に他産業へ扶助を拡げてゆく傾斜生産方式を採用して危機を乗りきります。こうした一種の社会主義的な計画経済は、その後の保守政権下でも引き継がれ、日本の産業は資本主義ではなく、大蔵省、通産省、大銀行という護送船団が指導する社会主義だなどと後々までいわれる遠因となります。

こうした政府主導の下、日本経済は、昭和三十（一九五五）年あたりから高度成長を始めます。昭和三十五（一九六〇）年には、池田《いけだ》勇人《はやと》内閣が「所得倍増計画」を発表し、これもかなりの成果を上げてゆきました。

思えば、戦前の「旧日本」を否定して、戦後の「新日本」、新憲法の下での「民主的」「近代的」な日本を求めた「左」寄りの若者や知識人の夢は、たとえ教育や革命で日本人が生まれ変わらなくとも、相当程度の豊かさがもたらされ、第二次、第三次産業が発達し、人口が都市へ集中してサラリーマン化、核家族化が進めば、かなり実現してしまうものだったのでした。

ゆえに自由民主党の政権は、常に「左」から執拗《しつよう》な批判を受けながらも、過半数の安定した支持を獲得し続けたのでした。

計画経済というお株を「右」のはずの保守政権に奪われた「左」、革新政党と呼ばれるようになった社会党や共産党は、政府批判として、高度成長のさまざまな欠陥を見つけては攻撃し続けました。中小企業へ豊かさがまわらない経済の二重構造、なお残る被差別部落などへの差別、不充分な社会保障や福祉、講和後も占領下にあった沖縄、そして当時、公害と呼ばれた環境の極度の悪化。「左」はこれらの遠因を資本主義や日本社会の遅れ（封建性＝前近代性）へ求め、その解決として社会主義を叫びました。しかし、批判を受けた自民党は、適宜、立法や行政で対応を重ね、その結果、高度経済成長のこうした欠陥は徐々にであれ解決へ向かっていったのでした。

今から思えば、防衛問題と同様、ここでも、「左」はトスを上げ、「右」はそれを受けて官僚など実務部隊により実行するという役割分担、棲み分け図式が見られますね。最大の左翼政党日本社会党などは、高度経済成長による儲けから、官庁や大企業の労働組合「総評」への分け前をがっちり要求するロビイストとして、自民党へぶらさがる諸団体同様、利益分配政治の一翼を担ってゆくのでした。

社会主義、共産主義を唱えながら、そのための犠牲は厭う「左」と、ナショナリズムは叫ぶが、やはりそのための犠牲は避けたい「右」が補完し合いつつ、全国民的な政策合意であった「経済成長」へ邁進《まいしん》していった戦後日本。それは、「右」「左」が、それぞれ核として持っていたはずの「正義」を喪失してゆき、体制の一機関と化してゆくプロセスだったといえましょう。

「新左翼」の登場――戦後の反体制左翼

戦前、体制内の「左」を政党政治家などデモクラシー派、自由主義派が、「右」を軍人、官僚、華族、財閥など専制派が占めたとき、「左」のさらに「左」には反体制だった社会主義、共産主義などの「左翼」、「右」のさらに「右」には昭和維新運動などの「右翼」が位置しました。

戦後において、こうした真に反体制的な「左翼」「右翼」は、昭和三十年代にはもうほとんど見られませんでした。レッドパージで弾圧された頃の日本共産党の一部は、暴力革命を目指し火炎瓶などを用いた武装デモ、ゲリラを展開しましたが、昭和三十年の日本共産党第六回全国協議会(六全協)で、これらを完全に否定し、穏健な議会内政党として再出発します。「右翼」もすでに述べたように、日米同盟を批判すらしない政権党の飼犬のごとしでした。

しかし、この状況を突破する「反体制」的な「左翼」や「右翼」がやがて新しく登場します。

いわゆる「新左翼」「新右翼」の動きですね。

「新左翼」は最初、暴力革命を一切否定した日本共産党の決定に不満な党員たちが、共産党と分かれて別の共産主義者の組織を創ろうと志したところから誕生しました。同じ頃、ソ連で世界中の共産主義者にとって神に等しい英雄だった指導者スターリンが死去し、やがてその独裁が想像以上に過酷でいかに多くの犠牲者を生んだかがわかってきます。また、ハンガリーで起こった反ソ暴動を、ソ連軍が社会主義を守るためと称して弾圧し、数千人の犠牲者を出した事件もありました。こうして少しずつ、共産党とともに絶対的権威だったソ連に対しても、疑問が生じてくるわけです。

しかしそれでもその人たちは、共産主義、マルクス主義までは疑えませんでした。そこで彼らは、レーニンとともにソ連を建設した革命家だったが、スターリンとの後継者争いに敗れ、裏切り者の汚名を着せられたトロツキーの理論（トロツキズム）なら正しかったのではないかと考えるなど、ソ連や共産党が唱えるのとは違うマルクス解釈を模索し、それに基づいて、共産党やソ連のように抑圧的でない理想的な共産主義へ向けて、あらためて前進しようとしました。これが「新左翼」の誕生です。

六〇年安保闘争、それから十年後、六〇年代末から七〇年代初めにかけて、全学連、全共闘といった組織を中心とする学生運動がたいへん盛り上がりました。そのなかで過激なデモ隊を組んで国会へ突入したり、ヘルメットをかぶり武器として角材を握り火炎瓶を投げて、警視庁機動隊とぶつかるいわゆる過激派（ブント、中核派、革マル派などが有名）の姿は、当時を回想するTVでたまに観られますね。あの学生たちや彼らを指導する知識人らこそ、「新左翼」の主要な担い手でした。

彼らは、アメリカ帝国主義と結ぶ日米安保に反対し、また抑圧的なスターリニズムへ陥ったソ連にも反対しました（反帝反スタ）。しかしそれでは、いかなる理想の社会ビジョンを、新左翼はプレゼンできたでしょうか。

国民の支持は得られなかった「新左翼」

実は、彼らの主張で、普通の国民有権者を大きく摑むものはまずありませんでした。

世の中は、高度経済成長が軌道へ乗り始めたところであり、与党自民党の路線はかなりの支持を得ていました。防衛問題で不満がある層は、日本社会党の平和路線を支持すればよかった。社会主義、共産主義の魅力はとっくに多数者をひきつけるものではなくなっていたのです。

もうそんな時代だというのに、共産主義はあくまで正しい、素晴らしいという大前提の下で、でもソ連や共産党みたいにならないためにはどうするかと問題提起しても、時代錯誤なだけでしょう。なぜって、だったら危険のある共産主義など捨てて、資本主義をよりよくしてゆけばよいでしょうと切り返されたらおしまいだからです。

そこで新左翼の人々は、日本人の大多数を幸せにしつつあった高度経済成長の欠陥を、以後あげつらい続けました。公害の被害者、身障者や精神病患者、在日や被差別部落といった究極の弱者、被害者、被差別者を見つけては、社会全体のあり方が原因だと訴えたのです。しかし、こうした人々さえ、すでに説明したように高度経済成長がもたらした豊かさと、社会党ら「革新」政党の突き上げで自民党と官僚が立案した社会政策によって、それなりの救済を与えられつつあったのでした。

国内の不幸には限界があると悟った新左翼は、アジアへ目を向け、大東亜戦争の被害者や日本の高度経済成長を支えた資源輸出国たる貧困国の実情を突きつけて、日本国民へ、自分たちの豊かさについての自己批判、道徳的反省を迫る途を選びます。いわゆる自虐史観、贖罪外交の一起源ですね。でも、新左翼たち当人が、どう考えても豊かな先進国の若者だからこそ、そうした理屈をこね正義に燃えていられるのが見え見えでは、どうにも説得力に欠けます。

結局、新左翼は、ごく一時期、野次馬的注目と同情を集めたくらいで、国民多数の政治的支持を得るにはほど遠いものでした。それは世の中の実務から遠い地点で生きる知識人が、明治期ならキリスト教、大正期ならヒューマニズム、昭和期ならマルクス主義へすがり、自らの道徳的な正しさを証す免罪符を得ようとした流れへ位置づけられるものだったのでしょう。

その最悪の部分は、世の中全体から引かれてしまった焦りから、リアリティ皆無な山岳ゲリラ闘争を唱えたあげく、多くの仲間を殺してしまった連合赤軍事件へ行き着きます。この事件でも、彼らがこだわったのは、同志たちの倫理的純粋性いかんであり、革命の必要性や実現可能性では全くなかったのは象徴的ですね。同様な殺し合いの例として中核vs革マルの内ゲバがあります。新左翼中、良質な部分は、活動により見知った差別の現実やアジアの貧困を革命いかんと必ずしも結びつけずに取り組もうと、行政や福祉や医療や社会事業の現場へ入っていったのでした。

新右翼の登場――遅すぎた反米反体制

他方、「新右翼」は、戦後日本の「右翼」が「天皇至上」「民族主義」「国家主義」を唱えつつもアメリカ従属を克服できず、また、活動資金を大企業や自民党に仰いで、事実上、権力者の走狗《そうく》となっている状況に疑問を感じた地点から誕生したようです。

その苗床はやはり学生運動でした。六〇年代当時、全盛だった「新左翼」の純粋さ、過激な行動的魅力にも刺激を受けて、YP体制（戦争末期のヤルタ・ポツダム会談が生んだ米ソ二大国が支配する戦後国際秩序）打破を掲げる民族派学生運動が生じます。また、既成右翼からも、野村秋介《のむらしゅうすけ》らが一九六三（昭和三十八）年、「右翼」の味方だったはずの自民党大物政治家河野一郎邸に放火し全焼させるテロ事件が起こります。どうやら、河野の利権政治を撃ち、自民党との癒着を超えられぬ既成右翼をたしなめる目的でした。野村は懲役十二年をつとめあげた後、一九七七年、経団連事務局襲撃事件を起こします。

こうして、自民党、財界さらにはアメリカの世界支配と対決できる反体制右翼がようやく戦後にも姿を現わしたのでした。こうした動きを、普通、新右翼、民族派と呼びます。

しかし、こうした運動は、新左翼と比べてもマイナーすぎました。そもそも、六〇年代以降、戦前の旧日本を懐かしみ、忠孝倹約耐乏の道徳や天皇至上主義と日本軍を復興させようと自然に思う層はもはや高齢化していました。新憲法とアメリカ的民主主義はそれなりに定着し、日米同盟と高度経済成長の下、豊かさを求める生き方は、すでに日本人大多数の共通了解でした。そしてその負の側面、民族独立の喪失、第三世界からの搾取、物質的豊かさ万能の企業社会を撃つ批判ならば、共産党など旧左翼、また新左翼がとっくに放っていました。

今さら、天皇を掲げ、日本の伝統、民族の誇りを叫ぶ「反体制」勢力を支持しようと思う国民などほとんどいなかったでしょう。

結局、新右翼は、たとえばフランスの国民戦線（ルペン派）、ロシアのジリノフスキーのごとき大きな政治勢力へ育つことはなく、国民一般からは街宣車でアピールする旧右翼と変わらぬ連中と見られて終わるか、たまにスター性のある一水会代表（現顧問）鈴木邦男などがＴＶ

の討論番組などで見せた強面《こわもて》のイロモノ的スタンスで知られるのみのマイナーな政治運動にとどまったのでした。

「新左翼」と「新右翼」の接点――土着革命の模索

もっとも、欧米由来の自由主義、民主主義、そして社会主義、共産主義が、日本にそのまま輸入できないのではないかという根本的な疑問は、知的に誠実な「左翼」がすでにたびたび提起していたものでした。

なぜなら「左翼」は、民主主義でも社会主義でも、民衆のため、民衆に支持された革命、改革を目指します。しかし、その民衆が欧米的「個人」主義で生きてはいない、ムラ共同体、世間のなかに生きる人々である日本の場合どうすればよいのか。日本型の民主主義、社会主義はありうるのか。

そうした視点から、仏教や徳川時代の儒教、国学などのなかにある民衆重視の思想、体制変革の思想を発掘したり、明治維新の志士たちを研究したり、天理教、大本《おおもと》教など反体制的だった民衆宗教や、西郷隆盛、宮崎滔天《みやざきとうてん》、北一輝といった「右翼」とも「左翼」ともいえる革命思想家を再評価したり、日本の民衆や天皇の特徴を考えるため民俗学や文化人類学、宗教学の視座を取りいれたりする試みがなされたのです。吉本隆明・谷川雁・谷川健一・村上一郎・橋川文三・渡辺京二・松本健一・井出孫六・宮田登・梅原正紀・竹中労といった人々の仕事です。「新左翼」の行き詰まりを、こうした「土着」「地域共同体」へ根ざしたところから、アメリカをもソ連や共産党流の共産主義をも批判してゆく視点により突破してゆこうとする動きは、たとえば地方行政の改革とか有機農法など地元に即した環境運動の実践へ結びついてゆきます。その思想内容はどこか地域と農村という日本の伝統を重視する「新右翼」に接近してゆくようにも思います。

左翼はサヨクとなった――高度消費社会と思想のサブカルチャー化

「新左翼」「新右翼」が、一九六〇～七〇年代にかけて登場してからさらに十年を経た一九八三（昭和五十八）年、当時二十二歳の学生だった島田雅彦が、『優しいサヨクのための嬉遊曲』なる小説を発表します。これに注目した文芸評論家磯田光一は長編評論『左翼がサヨクになるとき』を書き上げました。

主に戦後日本の文学史を、題名通り「左翼」の変質を軸として論じた力作です。

かつて、「左翼」、特に社会主義者、共産主義者には、革命を勝利させるため、一種、軍隊的に強固で厳しい党の規律に服し、組織の歯車として私利私欲を滅して闘争へ邁進すべしという倫理がありました。革命が成就して、社会主義が建設される段階でも、持てる者から奪い持たざる者へ与える権力的処置を遂行し、計画経済による生産を軌道へ乗せるためにも、依然として、滅私奉公の全体主義的な倫理は主義者に要求されるでしょう。

新しい経済体制を建設するのだから、こうした厳しさは当然、必要というべきです。しかし、これがスターリン独裁体制や日本共産党の抑圧的体質の温床となり助長要因となったのも否定できません。

それゆえ「新左翼」は、さまざまなかたちでこうした没個性的な体質を批判しました。しかしです。滅私奉公の全体主義的倫理を否定した「新左翼」は、共産党のような大組織を築き上げられなかったし、ましてや革命を起こして国家権力を握り、新しい経済体制を樹立できそうな可能性など露ほども見せられませんでした。何しろ連合赤「軍」建設を謳《うた》ったところで、メンバーの私欲をまるで滅せられず、端から粛清してゆくほかなかったのですから。結局、彼らはあの『フランスの左翼』の著者ドフラーヌが分類した「権力左翼」を批判したものの、自らは「反抗左翼」で終わったといえましょう。

この背景にはやはり時代の変化があります。「旧左翼」である共産党や労働組合のメンバーが育った戦前は、誰もがあまりに貧しく、学校で軍隊で職場で飢えにも過労にも禁欲にも滅私で耐える訓練ができていました。また経済的豊かさのためなら、辛い現在を耐え抜く覚悟もできたでしょう。しかし、ある程度の豊かさは知る「新左翼」の世代は、もう消費の楽しみもささやかながら知り、また革命のための戦闘や建設へ邁進できるだけのモティベーション＝飢えと抑圧の体験も乏しくなっていました。

「新左翼」の学生運動へ参加する動機も、自らの飢えや格差や差別を踏まえたものというより、豊かさのなか前世代には考えられない幸せな学生生活を満喫している後ろめたさゆえという道徳的動機が多かったのではないか。すなわち、革命の側へ与して道徳的正当性を獲得したかったというわけです。イギリスの政治学者イングルハートのいう政治行動の脱物質主義化、すなわち自らのアイデンティティを求めての参加が日本でも生じたのかもしれません。

やがて、七〇年代、八〇年代が到来し、豊かさが高度消費社会といわれる段階まで達すると、こうした道徳への欲求すら風化し、「新左翼」程度の規律、デモで機動隊とぶつかる程度の苦難を引き受けるストイシズムすら厭われるようになります。かくして、「新左翼」はさらに「サヨク」へと変質していったのでした。

島田雅彦の小説では、当時まだあったソ連の人権弾圧を知って「こうしちゃおれない」と思った学生たちが、市民運動をやってます。共産党はもとより新左翼の「セクト」と呼ばれる小組織ともまるで似つかぬ仲良しボランティア・サークルみたいな「政治運動」。イデオロギーは要らず「知識と優しさ」が要る。彼らにはもはや道徳的負い目すらなく、ストイシズムの代わりに「個」「私」だけが露骨に現われる。

島田とほぼ同世代のコラムニスト中森明夫氏は、九〇年代末、社会主義、共産主義はなくなったけど、社会趣味、共産趣味は生き残っているという名言を吐きました。主義が趣味としてのみ生き残れる状況は、左翼がサヨクとなった八〇年代初めにはすでに完成していたのでしょう。その走りは、安保闘争や全共闘にただ騒ぐのが楽しそうだから参加していたと偽悪的に回想している柄谷行人《からたにこうじん》の世代からもうあったのかもしれません。

左翼がサヨクになるとは、かつて政権こそ握らなかったものの、知識人のほとんどとマスコミと教育界の大部分をその色へ染め上げ、野党、労組の大勢力を始め日本の世の中へそれなりに根を張るところまではいった価値体系、つまりメインカルチャーだったマルクス主義、社会主義、共産主義が、好みで近づく奴は一定程度いるけどねといわれるだけの趣味、つまりサブカルチャーとなり終わったということにほかならないでしょう。

右翼がウヨクとなるとき――雨宮処凛と山口二矢・中岡良一

それでは、「右翼」は「ウヨク」となったのでしょうか。

『生き地獄天国』（太田出版）という書があります。女流作家雨宮処凛《あまみやかりん》がその青春の彷徨《ほうこう》を綴った自伝エッセイで、「超国家主義『民族の意思』同盟」という右翼団体へ参加し、維新赤誠塾というバンドを組み「ミニスカ右翼」と呼ばれる姿が、この本のクライマックスです。

アトピーといじめに苦しめられ、両親には優等生であることを強要された少女時代から、ビジュアル・バンドのグルーピー、リストカット、自殺未遂を経て、美大浪人、人形アーティスト志望で上京、「ガロ」系マンガ、元オウム信者、パフォーマー、バックパッカーらがうじゃうじゃたむろする中央線沿線のいわゆるサブカル文化へ浸り、バンドを組み、そして右翼闘士に。

そんな半生記のなかに、「私にとっては、右翼も左翼も死体写真集もサブカルチャーだったからだ」という一文がありました。オウム真理教も、残酷な犯罪事件も、さまざまな狂気、奇形、汚物、変態といった異形の数々と同列に、右翼も、また連合赤軍やよど号ハイジャック、六〇年安保、成田闘争など左翼の神話も、怖くてすごくて生きてる実感が得られる何かとして彼女のまえに現われたのです（現在、彼女は作家として才能を発揮しつつ、ワーキング・プア問題に取り組むなど、どちらかといえば「左翼」的活動に従事しているようです）。

他人との折り合いの悪さや肥大した自意識から、居場所を狭め承認欲求を抱えてアイデンティティを模索する若者はいつの時代にもいます。殊に豊かさが大衆的に享受される世の中では、かつてなら特権階級のものだったこうした苦悶《くもん》もまた大衆化します。雨宮のごとき少年少女は日々生まれ、自らが自らである証を実感したくて、サブカルチャーを追い、さらには新宗教カルトや過激で異形な政治活動にも魅惑されてゆくでしょう。

沢木耕太郎の『テロルの決算』には、あのテロリスト山口二矢少年が、転校の多い孤独な少年として学校に違和感を覚え、日教組系左翼教師への反撥から右傾化する経緯が描かれています。山口も、意外とサブカルチャーと遠くない地点から出発したのではなかったか。むろんこの想定は、彼が到達した赤誠を何らおとしめるものではないはずです。さらに遠い大正時代、原敬《はらたかし》首相を暗殺した中岡艮一《なかおかこんいち》も、幕末の志士中岡慎太郎の孫であるとホラを吹き、何か自分が特別であると思い詰める少年だったという記録があります。

自分個人の生きにくさを世の中全体がゆがんでいるせいにして、世の中が変われば幸せでおもしろい日々が私にも来ると信じる。自分自身の矮小《わいしょう》さ脆弱《ぜいじゃく》さを、民族だの階級だの革命だのといった偉大な使命へ自分を委ねている自覚で乗り超えた気になる。「新世紀エヴァンゲリオン」のヒット以来、自分の危機と世界全体の危機とがシンクロしてゆく物語を「セカイ系」と呼びますが、「右翼」「左翼」に代表されるイデオロギーはもとより「セカイ系」だったのかもしれません。

ただ、政治活動への動機が物質的充実にあった時代が遠い過去となり、また道徳的自己肯定、社会参加の実感獲得などが主流となった六、七〇年代も過ぎて、生きづらい自分の居場所探し、アイデンティティ確認から、「右翼」「左翼」が一種のカウンセリングやメンヘル・ドラッグのごとく求められるまでとなった現代、そうした傾向が、はるかに強くなったのは確かです。雨宮女史の場合、新右翼が意味に充ちた居場所となりましたが、「左翼」が同じ役割を果たす可能性も当然、考えられます。アナーキズム系の左翼運動の色彩が濃かった「だめ連」が、「こころ系」と呼ばれる精神的な弱さを抱えた少年少女を集わせ、その方向で世に認知されていった経緯は、そのよい例でしょう。

より軽症の若者や年をとれない中年無能者らが、夜毎うっぷんをはらし自分を慰めるネット上の掲示板では、書きこみのネタとして、また他人の書きこみをあげつらう論拠として、時事問題などに絡む「右翼」「左翼」的言説は好んで取り上げられます。そこでは、小林よしのりの『新ゴーマニズム宣言』で再びポピュラーとなった「ウヨク」「サヨク」なるカタカナ表現はさらに短縮され、「ウヨ」「サヨ」と呼ばれるようになりました。

「右翼」「左翼」はもう、サブカルチャーですらない、「むかつき」とか「へたれ」とかいった生理的反応や傾向と同列に語られる何かへ近づいているのかもしれません。

第七章

現代日本の「右」と「左」

——理念の大空位時代

右傾化は本当に「いまどきの常識」か？

「かつて右翼的とされた考えが、今や社会常識に近くなってきたとは言える」

国際政治学者の藤原帰一東大教授は、小泉純一郎政権の五年間を総括検証する「毎日新聞」'06・9・14付（夕刊）のコラムへ、こんなコメントを寄せました。日本が「右傾化」「保守化」していているという認識を、教授もこうしたかたちで、肯定するようです。

精神科医香山リカ氏の『いまどきの「常識」』（岩波新書）も、抵抗ない他人へのバカ呼ばわり、ためらいなき厳罰主義肯定、身も蓋《ふた》もない金銭万能、男女平等批判や結婚願望肯定、自己責任論での勝ち組肯定、メディア情報に対する懐疑心の喪失、そして「反戦」「平和」を古臭いとし再軍備ナショナリズムを普通で健全とする感覚などが、「社会常識」となりつつある現状を紹介、警告しています。これらを一言で括《くく》れば、要するに「右傾化」「保守化」となるのでしょう。

しかし、です。これらの現象から、本当に日本が「右傾化」「保守化」しているといえるのでしょうか。

藤原教授は、右のコメントの前提として「靖国参拝などへの支持は右翼が強くなったというより『日本は良い国と思いたい』気分から生まれているのではないか」と、安易な右傾化強調論を戒めています。同じ日付の紙面には、自民党の総裁候補三人の秋葉原駅頭での街頭演説を、香山氏がレポートした記事も掲載されていました。演説を聴き安倍、谷垣ら候補者と握手した誠実で優しそうな私大学生は、改憲、集団的自衛権、再軍備等の肯定派です。しかし、では徴兵制の可能性を考えるかとの質問には、考えたこともない、戦争に参加するのは嫌だとあっさり答えるのです。

どうも「常識」として蔓延《まんえん》しつつある「右傾化」「保守化」は、相当に「気分的」「観念的」なものでしかないようです。韓国や台湾では「常識」である、嫌だけど国のためなら兵役へ赴いて当然、覚悟はしているという決然たる覚悟にはまずお目にかかれません。ここ十年来の「右傾化」がいわれる際、よくその源泉とされる小林よしのり氏の『新ゴーマニズム宣言』は、「公」と「私」を中心的なテーマとしています。それゆえ小林氏は、どうしても戦わなければならない時が来れば、わし自身も銃を取り戦うし、仮に日本が征服されればテロによるレジスタンスも辞さないと明言しています。そして氏の『戦争論』が一九九八年に刊行された際、行なわれたファンの集会では、「戦争行きます！」と絶叫する若者たちの声援があふれました。しかし、その後、自衛隊のイラク派兵反対の声はあっても、彼らのみにリスクを負わせるな、徴兵制復活が先だという主張が、当事者である若者から上がったという報道は聞きません。

このありさまは、日本社会党など、非武装中立を唱えてきた「左翼」が、もしそのプランが理想的に実行された後、日本が侵略された場合の対策を、ほとんど考えないできた事実と好一対です。七〇年代終わりの有事談義では、映画監督の大島渚氏が、TVの討論番組などでそのときは、ばんざいして降参すればいいと叫んでいました。現在では、大塚英志氏が、被征服のリスクは、非武装の憲法を選択している論理的な帰結としては負うべきであり、それだけの価値があると発言していました（「わしズム vol.19」）。日本共産党は逆に、かつては日米安保解消後は改憲、徴兵による国民軍創設を訴え、現在も解釈改憲による再軍備論を捨てていません（不破哲三・井上ひさし『新日本共産党宣言』光文社）が、これらは、むしろ例外です。

「右傾化」していると見做される若者たちの多くには、藤原帰一教授がいうように「日本は良い国だと思いたい」という現状肯定への欲求はあっても、自分たちの世代が苦難を引き受けてでも、「自分たちが日本を強い国へと変えてゆこう」という将来へ向けた積極的な意志は見当たらないのです。「右傾化」を憂える「左翼」も、「これまで通りが続いてほしい」という願望はうかがえても、無抵抗で殺される栄誉を引き受けて、本気で日米安保を撤廃し、非武装日本を実現するという前向きの倫理的意志は見えません。

心理的リアクション以上とならぬネット右翼・ネット左翼

前章末尾で触れたインターネット上で生まれた「サヨ」「ウヨ」という罵倒語に近い呼称が

あります。その前提として、匿名で意見が表出できる「2ちゃんねる」などの掲示板やブログというツールを得て、プライドだけを肥大させたがゆえの精神的不安定を、他からの承認、もしくは他を圧倒した優越感で補償しようとする若い自意識たちの一部が、左翼的もしくは右翼的言説を盛んに公表し、またそのリアクションとして、批判、再批判、攻撃、罵倒が飛び交うという状況がありました。

肥大した若い自意識が、これから実力や社会的持ち場を時間をかけて育ててゆくじれったさを回避して、それっぽい言説のまとい方を覚えることで、「左翼である私」「右翼である私」として手っ取り早く格好をつけようとするパターンは、戦前の左傾青年以来、珍しくありません。しかし、治安維持法による逮捕、拷問、処刑すら待っていた戦前、機動隊との衝突や指名手配や内ゲバによる死傷程度は覚悟する必要があった戦後学生運動と比べて、匿名で批判や罵倒を交わし合うネット左翼また右翼では、傷つくのはただ自意識とプライドだけです。

そもそも昨今、たとえば「朝まで生テレビ」や「新しい教科書をつくる会」や『新ゴーマニズム宣言』などに現われた「右」や「左」の言説は誰がいかなるとき、(自己流に) 需要しているのでしょうか。それはたとえば、支那や韓国からの対日批判を知り、いつしか豊かな大国「日本」と重ね合わせられていた己の自意識が傷つけられたと感じて、その補償として「右」的な言説を求めるとか、政治家の発言などに表われた「右傾化」に触れ、学校教育の過程でいつか自らの一部となっていた戦後平和主義の危機＝自意識とプライドの危機を感じて、その補償として「左」的警世の声を欲するとかではないでしょうか。

結局、どちらもこれまで形成してきた「自分」を防衛したいという、何とも受け身で極私的な「思想」への需要なのでした。このあたりが平成の「左翼」「右翼」が、ほとんど「気分的」「観念的」なもので終わっているゆえんでしょう。彼らが好んで扱うネタが、「新しい教科書をつくる会」以来の歴史観をめぐる議論、論壇の誰それ、ネット論客誰それへの中傷といった、どうも軍事や経済をどうするという実体とははるかに遠い、観念の戦場での対決であるのもむべなるかなです。

高度成長期こそナショナリズムの隆盛期だった

これも前章までで説明したように、戦後日本はいわゆる吉田ドクトリンを外交と安全保障との基本としてきました。安保条約による軍事的な対米従属の下、憲法第九条を考慮した軽軍備による平和享受と経済成長を得る戦略ですね。これに対して、自主憲法と独自の再軍備を訴える「右」は、戦前の日本へ郷愁を覚える層を捉えた以上には伸びなかった。他方、憲法第九条を非武装中立厳守と解して、日米安保解消を叫ぶ日本社会党と進歩的知識人は、それなりに広範な国民を捉えましたが、吉田ドクトリンから「軽軍備」が外されないようチェックする目付け役以上とはなりませんでした。

昨今いわれている「右傾化」において、「改憲」「再軍備」が小泉、安倍ら自民党指導者の口からはっきり提示されたり、自衛隊のイラク派遣が実現したりしました。しかし、同様のタカ派ぶりは、五〇年代の鳩山政権でも、「不沈空母」などのワン・フレーズ・ポリティクスと実行力、ルックス映えで、衆院選で自民党三百八議席という人気を取り付けた八〇年代の中曽根政権でも見られました。世論調査などでの「改憲支持」は増加していますが、積極的な争点として国民が切実に待望している感はありませんね。香山リカ氏は、『ぷちナショナリズム症候群』(中公新書ラクレ)で、W杯などの日本チームへの熱狂を、「右傾化」の例としています。が、全共闘運動が最盛期を迎えた一九六八(昭和四十三)年、東京五輪の銅メダリスト、マラソン・アスリート円谷幸吉《つぶらやこうきち》は、いや増す国民的期待のプレッシャーに耐えられず、「もう走れません」と遺書を記し自殺しました。日本の文化的ナショナリズムもこの四十年で、一人のアスリートも死なせないまでに沈静化したというべきではないでしょうか。

平成の大空位時代——左翼「理念」の崩壊と相対的「右傾化」

では、あらためて「右傾化」「保守化」といわれるのはなぜでしょうか。

思うにそれは、かつてはまだ建前としてであれ権威を持った「左」「革新的」「進歩的」な言論が、まるで力を喪失してしまった。ゆえに、相対的に、「右」「保守的」な本音ばかりが前面に顕われて見えてしまう。それゆえではないでしょうか。

香山氏は『いまどきの「常識」』で、自衛隊を保有する現実がある以上、この現実に合わせて改憲せよといった、「建て前よりも現実」「理念よりも現実」を優先する思考の蔓延を指摘しています。しかし問題は、「理念」と「現実」の優先順位なのでしょうか。氏は、「『目先の損得にとらわれずに、理想を大切に』と学校では教わっているはずなのに、いったいいつのまに『現実』と『価値』の逆転が起きるのだろう」と書きます。しかし、価値の逆転など起きなくても、それまでの「理念」がダメな理念、誤った理念ではないかと思われたならば、否応もなく現実が基準となってしまうでしょう。戦前の学校で教わった「理念」を、物資不足と空襲の「現実」に優先させて戦い抜いた世代が、神風も吹かず本土決戦もない無条件降伏の「現実」を前にして、聖戦の理念も皇国不敗の神話も、弊履《へいり》のごとく捨てたようにです。

戦後平和主義の「理念」が、「現実」に優先させるだけの価値なしと見限られたのは、決して近年急にではありません。アメリカを敵とするこの「理念」が味方と仰いだソ連や中華人民共和国が、スターリン批判、ハンガリー動乱、多くの亡命者、中ソ紛争、チェコ事件、ポル・ポト政権と中華人民共和国のベトナム侵攻などを経て、どう考えても、「平和勢力」でも「理想の社会主義国家」でもない現実が、六〇年代から八〇年代にかけて誰にも判明してきました。

国内的にも、高度経済成長の成果が、必ずしも社会主義、共産主義へ向かわなくても、豊かで平等な生活はけっこう手に入りそうだと国民を納得させました。また、日米同盟と安保条約も、「理念」に拠《よ》る進歩的知識人らが訴えたような日本をソ連等との戦争へ巻きこむ要因とはついになりませんでした。自衛隊も、装備は増強されましたが、徴兵復活とか、軍人が発言力を増すとか、国民の福利に軍事的要請が優先するとかの事態は生じませんでした。幾度かの海外派兵も、侵略の尖兵《せんぺい》とはいい難いでしょう。

いわゆる「自虐史観」の正体——左翼自尊史観の残骸

かつては存在感もあった「理念」の輝きが色褪《いろあ》せて、その分、相対的に「現実」が過剰に露出している。「右傾化」「保守化」とは、実のところそうした状態に過ぎないのではないか。

このあたりをよく表わしているのが、「自由主義史観研究会」「新しい歴史教科書をつくる会」で知られる運動の盛り上がりでした。これらは、ここ二、三十年来、日本史の教科書が、マルクス主義史観に立つ学者の執筆により、近代日本が主にアジア諸国に対する侵略国家として描かれ、南京大虐殺、従軍慰安婦など、実証的には疑問も多い事件も、日本の悪行暴きとあれば相当な誇張も辞さず掲載するいわゆる「自虐史観」に陥っていると批判し、それに代わる自国の過去に誇りを持てる教科書を試作し、検定通過、採用を目指そうとするものです。メンバーとしては、教育学者の藤岡信勝東大教授や『ゴーマニズム宣言』の小林よしのり氏らが有名でしたね。

確かにそうした状況は認められ、この運動は多くの賛同者を得、試作された教科書は市販されベストセラーとなりました。ただし、彼らが否定したマルクス主義史観による教科書は、はたして本来的に自虐的なものだったのでしょうか。批判する側から見たらそうでしょう。しかし、マルクス主義者自身としては、理想とする社会主義、共産主義へ向けて青少年を善導してゆく手段として、敵である日本の天皇絶対主義や軍国主義、帝国主義的資本主義の悪は（理念を事実に優先させてもいいから）強調すべきだったでしょう。敵を悪く描くのだから、これは決して自虐ではなく、他虐です。その反面、安藤昌益とか百姓一揆、秩父事件、朝鮮人の反抗、反戦運動などは礼賛的に描いているわけですから、自虐どころか全くの自賛史観なのです。

ところが、その理想がいつしか右に述べたように見事に色褪せてしまった。だったらまず、根本目的である、理想の建て直しから始めるべきであるのに、そのしんどい作業は回避して、かつての理想を前提とした手段、枝葉である日本の旧悪暴きのみをエスカレートさせていった。その行き着いた果てが自虐史観だったのです。

理念なき現状追認――安全無害な平成の「右」

そんなわけで現在、日本の「右」「左」の対決はこれまでにもまして、不完全燃焼なものとなってきています。

すなわちどちらにも「現実」から大きく飛翔してゆく「理念」が極めて乏しいからです。もし「右」が「理念」的であろうとするのならば、「右」を突き詰めて、日米安保の「現実」を否定、武装中立する日本となるべく準備してゆかねばなりますまい。西部邁、小林よしのり、ある限度でなら福田和也氏などにはこの志向が見られます。この方向へ歩む場合、らの武装独立を果たした後、アメリカともEUとも支那とも違う、日本独自の外交と軍事の哲学をも構築する必要があります。それが十二分に魅力的であって初めて、吉田ドクトリン＝日米安保の下での平和と安楽、豊かさをあえて危険にさらしてでも、そちらの選択肢を試みようかと国民多数に思わせ得るのですから。しかし、小林よしのり氏以下の構想は、当面のところ、核武装を背景にフランスのド・ゴール主義程度の自立外交を達成しようというもののようです。かつての満州国や大東亜共栄圏の壮大さに比べて、これでは何とも地味にすぎないのではないでしょうか。

「右」理念がこの程度の魅力にとどまる限り、国民は振り向かない。よくいわれる「右傾化」「保守化」も現状追認のいい換え以上ではなく、現状否定が求められてはいない。これが現在の日本でしょう。安倍内閣が祖父以来の悲願として持ち出す憲法改正にしても、かけ声こそ派手であれ国民的な盛り上がりはまず見られません。世論調査などでは、改憲派の伸びが確かに見られますが、「改正もいいんじゃない」程度の消極的なものでしょう。有権者の勢力を見ても、改憲を謳う与党自民党の権力も、実は護憲色が強い公明党との連立があってのものですし、やはり改憲を打ち出す野党民主党にしても、護憲平和政党だった日本社会党から流れた議員を相当数かかえているのが現実です。

猪野健治氏が司会をつとめた『右翼・行動の論理』（ちくま文庫）収録の座談会で、野村秋介の後継者とも目される㈱二十一世紀書院代表の蜷川正大氏は、最近の「保守化」について「果たして日本にとって好ましいことなんでしょうか」と疑問をぶつけています。「保守」には「愛国」はある。しかし「尊皇」はない。これが「保守」派と蜷川氏ら「右翼民族派」の相違なのです。「愛国」とは、いわば現実主義の一種であるエゴイズムです。しかし「尊皇」は、蜷川氏の言葉では、貫かれるべき「原理原則」へつながるのです。これはすなわち広義の「理念」でしょう。右翼からのこの批判は、理念に乏しい「保守」派の現状を端的にえぐり出しています。もっとも右翼が貫く原理原則には、「理念」などというさかしらなインテリ語を越えてあふれでる馥郁《ふくいく》たる浪漫が充ちているのですが。

後手・守勢に回るばかりの現状批判——いつもおよび腰な平成左翼

あるいは、「左」が「左」を突き詰めるならば、単に非武装中立を実現して侵略の危険なき日本をアジアへ示すだけでは甘すぎましょう。徴兵制、徴労制を布いて、支那、南北朝鮮ほかアジア諸国への実効ある真の謝罪として、日本の男性は弾除けの兵役と労務、女性は慰安婦として永遠に償いを果たす制度くらいは実現すべきでしょう。これが非現実的というのなら、全日本人が過労死するまで働き、現在以上のGDPを生産し、数百%の消費税を財源として、支那、韓国、北朝鮮から東南アジア諸国へ、数百年かけて賠償金を支払うのはどうでしょうか。第一次大戦後、ドイツが負った賠償額を思えば決して空想的ではないはずです。あるいは、国際政治学者姜尚中東大教授のいう東アジア共同体構想の延長上で、自衛隊の指揮権を支那と韓国の政府へ委ねるのはいかがでしょう。かわぐちかいじ氏のマンガ『沈黙の艦隊』（講談社）には、自衛隊指揮権を国連へ委ねる「政軍分離」構想が出てきます。さらには、たしか六〇年代の末に小松左京氏が提案していましたが、戦争と戦力を放棄したくらい脳天気な日本人なのだから、もう一丁踏んばって、国家主権と国民と国土をも、挙げて国連、もしくは東アジア共同体へ提供してしまったらどうでしょうか。以後、日本は国連（もしくは東亜共同体）直轄領、国民は生まれながらの国連（もしくは東亜共同体）職員となるわけです。これらはグロテスクな夢想でしょうか。そうだとすれば、そのグロテスクさとは日本の左翼の多くが自らの思想をここまで徹底させることなく、思想の徹底により自らが担うべき代価を真剣に考えることもなく、ただただ加害責任に無自覚な者をつかまえては、彼らより早く自らの悪を自覚している自らを特権化して、倫理的恫喝をする快感に甘んじてきた陰画が、ここに映し出されたゆえのものではないでしょうか。

要するに、昨今の「左」は、多くの国民が「平和主義」を、それだけで正義だと受容してくれた時代への郷愁を捨てきれず、「現実」のリアルさばかりが輝く時代の到来を前に、新たな理念構築へのしんどい一歩を踏み出すべくもなく、本当にこれでいいのと叫びつつおろおろするばかりなのです。『憲法を変えて戦争ができる国にしようという国にしないための18人の証言』『9条どうでしょう』『バリバリのハト派』『いまどきの「常識」』『憲法九条を世界遺産に』と「左」系のアピール本のタイトルを並べてみると、どれもこれも衒《てら》ったりおどけたり逆説を気取ったりと、どこか照れてためらいがちなおよび腰となっています。おそらく、自分たちの正義、理念を、とうに刷新しておくべき努力を怠け続けた結果、肝心の今となっても旧態依然のままであり、結局いつも後手に守勢に回ってばかりの現状をどこか自分たちでもわかってる顕われでしょう。「右」のベストセラーのタイトルが、『戦争論』『国家の品格』『国民の歴史』『嫌韓流』等、何とも正面きってまっすぐであるのと比べれば、なおさらです。

小泉改革は「右」だったか？「左」だったか？

しかし、一見、勝ち誇っているかに見える「右」もまた、敵であった「左」の「理念」が、総崩れとなったのを眺めてそれ見たことか、現実を見やがれと喝采しているばかりで、その現実を率いてゆく自分たちの「理念」を対置できたとは今のところとてもいえません。

近代日本において、戦前の「自由」「デモクラシー」「社会主義」、戦後の「平和主義」といった「理念」も、未来を志向する「進歩的」で「革新的」なものでしたが、古代の権威を近代国家のカリスマへと変貌させた明治の天皇制や、占領軍に与えられた戦争放棄条項と冷戦下のアメリカの軍事的利害の隙間を突いた吉田ドクトリンといった構想もまた、極めて「創造的」でした。明治の「右翼」が唱えた対外拡張主義も、当時の最先端をゆく発想ではありました。現在の「右」に、こうした前向きの構想があるでしょうか。

ここで触れておくべきなのは、小泉純一郎政権で頂点に達したあの「改革」の構想でしょう（四六頁参照）。

九〇年代の規制緩和やビッグバン論議の線上にある小泉「改革」は、「新自由主義的改革」などといわれるもので、規制緩和、民営化による小さな政府と格差を恐れぬ自由市場経済の実現が主眼です。前章でも触れたように戦後日本では、保守党と経済官僚とが、規制と行政指導と公共事業による一種の社会主義的な計画経済、護送船団方式による経済運営をもくろみましたね。しかし、これらが平成期には、到来した低成長、ゼロ成長時代の財政難ゆえの維持困難、また機構の肥大化ゆえの非効率化へと陥った。ゆえにこうした改革の必要が叫ばれたのです。

この「改革」は、さて「左」なのでしょうか。「右」なのでしょうか。

社会主義、共産主義、マルクス主義の立場からは、当然、「右」でしょう。こうした「権力左翼」は、強大な国家権力が、私利に走る資本主義企業の儲ける自由を抑え、市場経済を規制し、計画経済で「平等」を実現するのを、社会主義の理想としてきました。ですから、格差を容認して「平等」を犠牲とし、「自由」を野放しとする「改革」はいわば歴史を逆戻りさせる「反動的」で「右」なものと見做されます。既述のように、支那や韓国では今もなお、この尺度で「右」「左」がいわれています。

しかし日本においては、こうした「改革」を必ずしも「右」と決めつけられないのが難しいところなのです。

というのは、戦後の官庁指導下の経済、さらには明治政府による殖産興業などは、確かに一種の計画経済性を帯びてはいますが、マルクスなどが資本主義が発達した果てにプロレタリア革命で実現すると想定した社会主義とは別物でしょう。むしろ、後進国経済が、先進資本主義諸国の企業と伍して競争できる力をつけるため、強権をもってインフラを整え産業を育成する「開発独裁」がより近いかもしれません。思うに、ロシア、支那など資本主義の後進国で樹立された社会主義政権の内実もこれでしょうね。

だったら、日本で「官」から「民」へ、自由主義的な「改革」を実行するとは、八〇年代半ばまでは、開発独裁国家だった韓国や台湾で起こった民主化改革を、経済の領域において起こすことだといえそうです。こちらだとすれば、マルクス主義など近代的進歩史観から見ても、「歴史の進歩」「左」的といえなくはない。

ジャーナリスト田原総一朗氏、社会学者宮台真司首都大学東京准教授など、「左」的と見做されてきた知識人が、留保はつけつつも小泉政権を支持していたのも、多くの文化人が、儲けるが勝ちと競争社会を明るく謳歌する堀江貴文への好感を隠さなかったのも、こうした「進歩的」色彩を否定できなかったからでしょう。首相自身、政敵である「改革」批判派へ「抵抗勢力」というレッテルを貼ったあたり、自身の「進歩」派的イメージに自覚的だったと思われます。もし数十年まえだったら、このレッテルは「反動勢力」だったかもしれません。

しかし、日本国民の大多数が、そちらを歴史の進む方向だと了解するに到ったとは到底、思えません。最後まで続いた小泉政権への異常な高支持率は、小泉純一郎というキャラクターおよびパフォーマンスへの人気がやはりほとんどでしょう。政権末期には、かえって「格差」「下流」といった流行語が飛び交いました。国民は、新自由主義的改革が帯びる負の側面にかなり敏感だったといえましょう。それに応じて、小泉政権が終焉を迎えたとき、後継者安倍晋三首相は、「再チャレンジ」などセーフティ・ネット整備を強調し、そのライバル、民主党の小沢一郎代表も（自らこそ新自由主義改革の誰よりも早い提唱者であるにもかかわらず）、日本型終身雇用制を評価するなどと言い出したのでした。

「歴史の終焉」期の「右—左」図式——田中三次元モデル

やはり、小泉政権に代表される新自由主義的「改革」もまた、「歴史の進歩」を掲げるイデオロギーの発露とまではいえず、経済の右肩上がりが終焉した日本が採るべき、現実対応的な政策選択肢の一つだったというべきでしょう。

こう考えるとやはり、マルクス主義的な進歩史観が魅力を失って以来、社会や政治の「現実」をはるか未来へ向けてひっぱってゆく「理念」は、もはや日本には見当たらないようです。そして、「理念」がなければ、歴史が「進歩」しているか否かを判断する価値基準も失われ、どちらがより進んでいる（つまり「左」）か、より遅れている（つまり「右」）かというものさしも使えなくなってしまいます。

世界的には、ベルリンの壁が崩壊し旧ソ連が消滅して冷戦が終わった頃、アメリカのF・フクヤマが『歴史の終わり』を世に問いました。日本も大きく見れば、そうした世界史的状況のなかにあるといえましょう。

そうした現代でも、「右」「左」という表現、価値尺度は消えたわけではありません。消えたのは、価値尺度の背後に控えていた、人類進歩の方向を示すヘーゲルやマルクスに代表される壮大な歴史観のみです。「右」「左」は、具体的な経済問題をなんとかするために提唱される諸政策を色分けする尺度として、生き存《なが》らえています。

それは単純化していえば「国家による再分配政策」、つまり、経済的「平等」実現のため権力が、資本活動規制や増税、福祉増進など、市場へと介入する「大きな政府」の政策を支持するのが「左」、支持しないのが「右」（社会学者鈴木謙介氏が作家重松清へ語ったもの。「中央公論」'06・5）というものです。要するに、「新自由主義」対「社会民主主義」が、「右」対「左」です。もっとも、ノルベルト・ボッビオ『右と左』（片桐薫・片桐圭子訳・御茶の水書房）によれば、欧米でもここまで単純ではないようです。「右」は伝統的集団へ忠誠を尽くす道徳などを重視する面も持ち、新自由主義との矛盾を孕んでおり、そちらを急進化させた「極右」つまりファシスト党やナチスは、自由を全面否定します。また「左」が「平等」を急進化させると、山岳（モンターニュ）派や旧ソ連の社会主義のごとき独裁による全体主義と化します。鈴木氏がいうように、「右」と「左」を、経済的な「自由」か「平等」へ収斂できるとしたら、それはファシズムもソ連型社会主義もいわば「論外」と捨象した上でのことでしょう。

こうした非経済的価値軸をも繰りこんで、現在における「右」「左」の図式を巧みに整理した例として、H・キッチェルトの理論などを踏まえたと思しき、政治学者田中愛治早稲田大学教授の座標モデルがあります。

田中教授は、経済的な「統制強」－「統制弱」という「左」－「右」軸に、政治的な「統制強」－「統制弱」「上」－「下」という縦軸を加え、＋座標を描きます（次頁の図版参照）。すると左上たる「強」「強」は、旧ソ連的な全体主義的一党独裁社会主義です。左下たる「強」「弱」がヨーロッパの労働党や社民党、アメリカの民主党、日本の民主党左派など社会民主主義で、これは政権交代がある議会制民主主義を尊重します。右上の「弱」「強」は伝統的保守党でアメリカの共和党、日本の自民党守旧派など。右下の「弱」「弱」は、個人主体の完全自由競争志向で格差社会容認のリバタリアンで、小泉改革を急進化すればここへ到ったでしょうか。

先進資本主義国では、だいたい左下＝「左」と右上＝「右」（もっともこちらはあまり上方すぎはしない。上へ行きすぎるとファシズムへ到ります）の対決が、政治の上での対立軸となるでしょう。

ところが田中教授は、最近はもう一つの軸が無視できないという指摘をするのです（図版参照）。

それは文化的な統制の強弱という尺度ですね。

これが「強」だと文化的な「右」。つまり、「その政治社会が伝統的に保持してきた宗教や価

政治的統制と経済的統制（一元的理解）

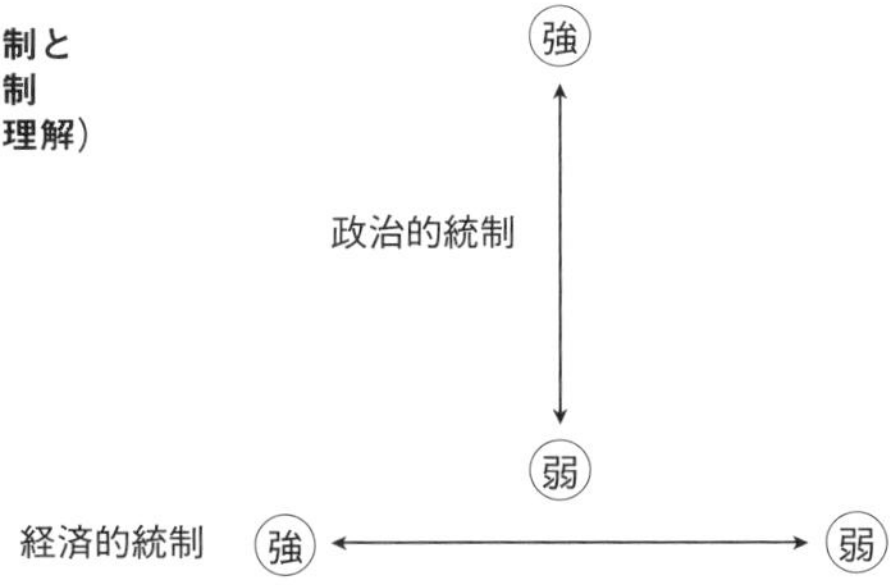

保守対革新の対立軸の二次元性

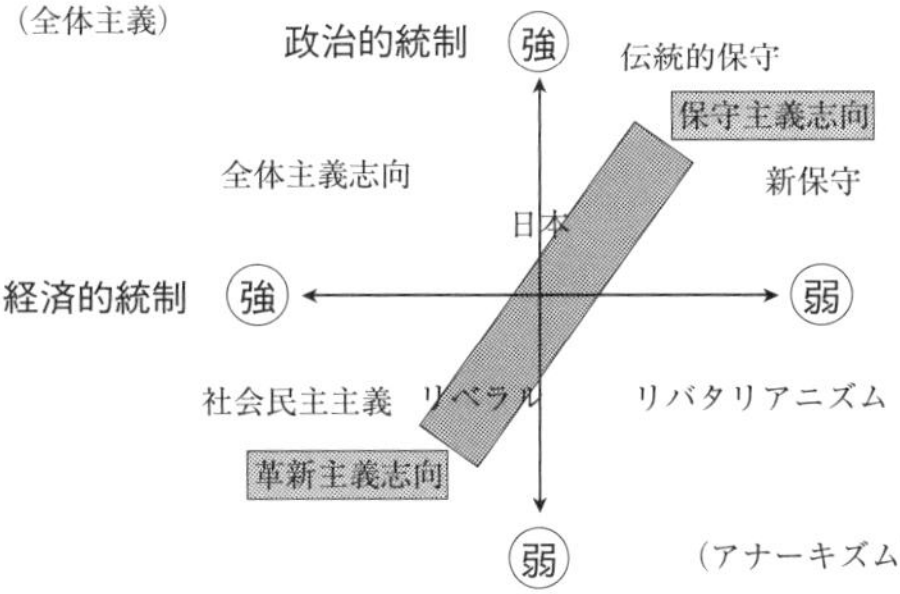

文化的・社会的統制

戦後日本の革新志向vs.保守志向に関する三次元の意識構造

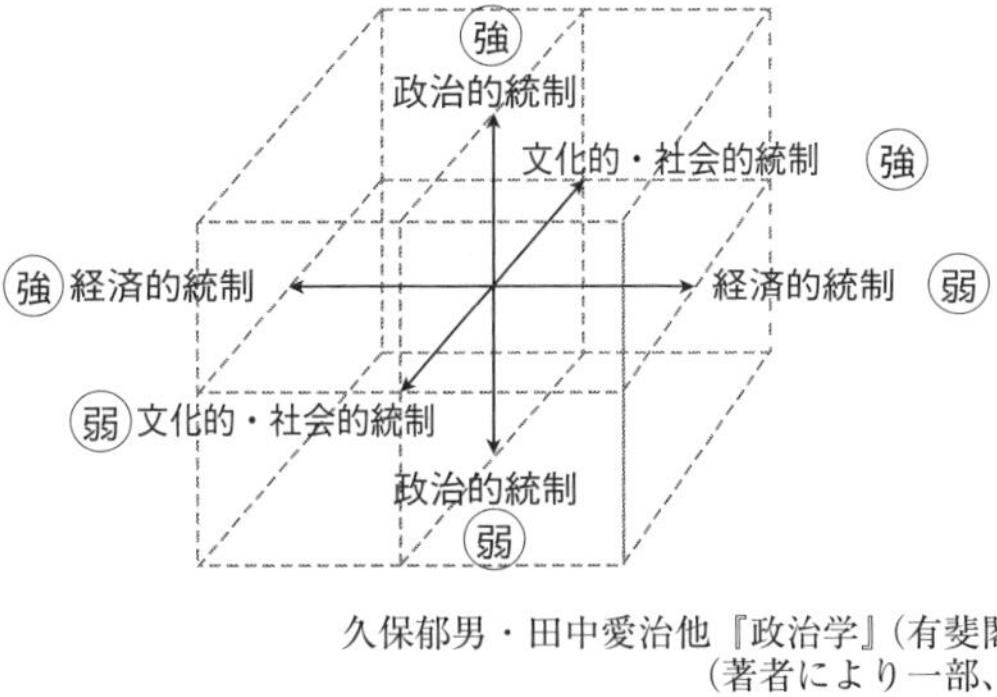

久保郁男・田中愛治他『政治学』（有斐閣）より
（著者により一部、修正）

値観・道徳観・職業倫理を保持することを求め、また、男性と女性、年齢の長幼等の社会的な役割を固定化しようとする傾向が強い」立場です。その軸では、経済軸、政治軸と異なり、統制をするのは、政府ではなく、地域とか宗教（イスラム国家など）など社会的な権威や同調圧力であり、政府はこれらを黙認するかたちで統制を助長すると教授は指摘しています。

「弱」だと文化的「左」となりますね。ジェンダー・フリー推進派、ポルノグラフィ、売春、ドラッグなどを他人に迷惑をかけない限度で合法化（脱犯罪化）しようとする動き、少数民族への多数派文化（言語など）強制批判、多数派の道徳と異なる倫理を生きる宗教カルト（輸血や格闘技を禁止するエホバの証人など）をも実害なき限り許容するなどです。

「右―左」モデルの第四次元――外交・安全保障の軸

かつて「右」―「左」の単線上で位置づけられると思われていた近代の政治的立場の数々が、今や相当に錯雑化して、経済、政治、文化それぞれを別軸とする三次元空間を用いなければ描けなくなった。田中愛治教授はそれを明らかにしました。しかし、日本においては、三次元ではまだ足りないのではないか。

すなわち、「外交・安全保障」という軸上の対立が他の三つの軸を凌ぐほど激しかったからです。外交では「日米同盟中心」と「中立」（もしくはアジア重視）とが大きく対立します。

軍事では「外国軍駐留」と「非武装」と「軍事的自立」が鼎立《ていりつ》します。

そして「日米同盟」と「外国軍駐留」のセットが吉田ドクトリンですね。「日米同盟」と「軍事的自立」セットは、昭和二十年代の芦田均その後は岸信介などが唱えました。「中立」と「非武装」セットが、旧日本社会党や多くの進歩的文化人が夢想したものです。「中立」と「軍事的自立」としては、日本共産党が近年まで説いていた国民軍構想があります。「中立」と「外国軍駐留」セットは、国連軍が実現すればありうるかもしれません。「日米同盟」と「非武装」は現実的可能性が低すぎます。

実は、外交も「日米同盟」と「中立」ともう一つが鼎立していたはずなのです。そう、「日ソ同盟」です。

敗戦後、日本がソ連に占領されていたら、日本政府は否応もなくこれと「外国軍（ソ連軍）駐留」という外交政策パッケージを呑まされたでしょう。しかし、ソ連を賛美していた頃のどんな「左翼」もこれを唱えませんでした。ただ、七〇年代末、ソ連の軍事的脅威と国防が論議された時期、経済学者森嶋通夫ロンドン大教授が、日本のフィンランド化という表現で、「日ソ同盟」と「中立」もしくは実質的な「外国軍駐留」を提案していますが。

現代日本で選択可能な針路パッケージ

三つの次元と二つの鼎立。それぞれを順列組み合わせしたら、いったいいくつの政治的立場が生じ得るのでしょうか。でも、現実には、組み合わせは限られています。

欧米において、政治軸は「政権交代可能な議会制民主主義」、これのみでしょう。外交と軍事は、アメリカとも友好的なEU志向外交、軍事は多少のアメリカ軍駐留もありうる自立でほぼ決まっています。

ゆえに、「右」「左」といえば、経済政策のお話、時には宗教がどうの同性愛やドラッグがどうのお話と考えれば済むわけですね。

日本では、経済軸における「右」、すなわち市場と自由競争を格差拡大覚悟で認める方向は、ほとんど見られませんでした。小泉改革はその初めての例ですが、早くも批判と見直しにさらされています。政治軸も、ある時期までの日本共産党や旧日本社会党左派を除けば、政権交代可能な議会制民主主義で一致していたといえるでしょう。

残るのは、文化軸と外交軸、軍事軸です。日の丸と君が代、天皇制、靖国、家族や地域共同体を大切にする「旧日本」の美徳などに象徴されるのが、文化軸の「右」でした。これと「日米同盟(反共)」「外国軍駐留」、もしくは「軍事的自立」のセットを採るのが、保守与党だったのです。これに対して、人権、高学歴化、恋愛と核家族、ホワイトカラーと自由業など「新日本」の欧米風ライフスタイルを肯定するのが文化軸上の「左」でした。これと「非武装」「中立」をセットとしたのが、野党と知識人とマスコミの多くだったのです。

九〇年代の政界再編の結果、唯一の政権担当政党と万年野党群とが、この「右」と「左」に対応する図式は崩れました。しかし現在でも、与党内に自民党右派と自民党左派プラス公明党、野党内に民主党右派と民主党左派（旧日本社会党系議員）が分布するかたちで、「右」と「左」のバランスは実はほとんど変わらず保たれているのかもしれません。

義への渇きを充たすセカイ系「右」「左」思想

ところで、経済、政治、軍事の軸は、政策としての実効性という極めて現実的な要請で選択されるようになってきています。かつての共産主義やファシズムのように、現実の損得を超越したユートピアへの飛翔感は、「右」であれ「左」であれ望むべくもないでしょう。

政治的な価値の選択が、そのまま世界観、価値体系を選び採るにほかならないという実存的恍惚《こうこつ》、いわばセカイ系の充実は、もはや左右の政治思想には求められないのでしょうか。

「右」「左」、いや「右翼」や「左翼」へ、より儲けるための規制緩和や生活が楽になるための福祉増額とかではなく、明日のユートピア実現という約束を期待する者たち。彼らは、今ここにある世の中全てが不正なるものであって、ゆえに遠からず滅びの日が到来し、正しい世界が浮上せざるを得ないと信じたい者たち、義に渇く者たちでしょう。前章末尾で触れた山口二矢や雨宮処凛にも、その面影はくっきり顕われています。

「極右」「極左」は、本来そうした渇きを満たす思想でもあったはずです。なぜなら、「左翼」ならば、「理念」（たとえば「自由・平等」の）と照らして、誤っている現実を、革命により正し、歴史を完成へ向けて進歩させてゆくべしと考えます。「右翼」ならば、「左翼」が世の中を誤った方向へと動かしてゆく現状と闘って、たとえば「伝統」「神話」に顕われた正しい本来の姿を守るべしと信じます。どちらも方向こそ逆ですが、現実、現状は誤ったものであり、自分たちがそれを正すのだという立ち位置はまず同じです。

一九世紀の中頃なら、「左翼」が革命によって我々が「失うものは鉄鎖のみであり獲得するものは全世界である」（『共産党宣言』）と煽動《せんどう》すれば、なるほど鉄鎖につながれた人生しか今後、俺たちにはない、そんな現状を全てぶち壊し、まるで新しい世の中をまるごと手にする可能性へ賭けようと奮い立つ貧しい労働者階級が、欧州各国に膨大な数いると見こめました。あるいは明治中頃なら、「右翼」が日本はロシアを始めとする列強に狙われていて、いつアジア諸国のような植民地化の運命に見舞われるかもしれないと訴えれば、自覚的な日本人のほとんど皆が、身を捨ててでも、天皇のため同胞のため、日本の国土と伝統を死守せんと奮い立ったでしょう。

しかし、二〇世紀後半、少なくとも先進国においては、失うものは鉄鎖のみというところまで追いこまれたプロレタリアートはごく稀でしょう。経済全体が豊かとなり、政府の市場への介入で恐慌なども阻止でき、社会福祉もそれなりに充実されていったからです。また少なくとも日本が、近くアメリカなり支那なりに征服され、同化されてゆく恐怖を訴えても、どれほどの国民がリアリティを感じるでしょうか。先進国間の戦争が半世紀以上生じない程度には、国際関係安定の努力は蓄積されてきましたし、大国間のパワーバランスもそう急激に崩れそうではありません。

経済軸、外交軍事軸での「右」「左」が既述のように、損得勘定で判断するべき散文的な政策の分類と化しているのも、これでは無理もないでしょう。

脱構築と批判理論――哲学的「新左翼」が放つ「豊かで安全な社会」への呪詛

こうした時代にあって「左翼」は、経済も社会も決して崩壊しないよう安全に管理され、福祉による平等も実現した世の中は、だからこそ実は誤っているのだという論法を編み出しました。あの「新左翼」路線の延長線上に生まれた理論です。

「新左翼」はまず、多数者の幸福を実現した世の中が、それゆえに未だ救済が行き届かない少数者に対して、従来以上に酷薄となっていないかという視角を提起しました。差別された民族、賤民階級、社会的脱落者、身障者、精神障害者、性的マイノリティ、公害の被害者、戦争や内乱の犠牲者などの「復権」が次々に叫ばれ、彼らそれぞれが皆、彼らを生み出したこの世の中全体が孕む悪を、そのあり方自体において告発している英雄的存在として持ち上げられていったのです。

さらには、人権保障も議会制民主主義も実現し、平和で安全、物質的に豊かな福祉国家で一見、幸福そうに生きる人々も、「本当は」高度資本主義のシステムによって高度に管理され画一化された家畜かロボットのような生を営まされているのであって、「本当の」人間らしい生き方から遠いものとされ（自己疎外）ているという、どこか余計なお世話っぽい考え方が唱えられました。

その背景としては、「生権力」といった用語を鍵とする後期ミシェル・フーコーの哲学、その影響下で展開されたドゥルーズ、ガタリ、アガンベン、ネグリらの思想、またJ・デリダの脱構築思想、あるいは、「批判理論」に立つホルクハイマー、アドルノなどフランクフルト学派の哲学が、多大な影響を与えています。

こうした考えはいかに哲学的に精緻ではあれ、社会の多勢への影響力は乏しいといえましょう。たとえば、監視カメラが増えてゆく最近の日本を超高度化の管理社会と指摘するのは簡単ですが、多少プライバシーを害される人間的不快感に耐えてでも、犯罪阻止の安心感を選択しようとする大衆を説得するのは難しいわけです。結局、こうした哲学的新左翼は、あたかも山口二矢や雨宮処凛が右翼へ情念の居場所を求めたごとく、産業社会、福祉社会の下、知的自尊心を傷つけられやすいマイナー知識人らが求めゆく、知性の避難所として機能してゆくでしょう。なかには、単に論文作成のため必要な学問的視座（カルチュラル・スタディーズ、ポスト・コロニアリズムなど）としてのみ、こうした社会哲学の世界観を借りている知識人も少なくありません。

こうした哲学的新左翼は、かつてのマルクス主義における共産主義のごとき、彼らが批判する現代社会の代案となる具体的なユートピア構想をほとんど有していません。その結果、どうしても現実批判のための現実批判を延々と展開してゆくばかりとなって、祈れども顕現し得ぬ神やいつか到来する千年王国を待ちのぞむ一種の神秘宗教のごときものと化してゆきます。フーコー以下、アドルノ以下の哲学者たちの多くがユダヤ系であるのも、決して偶然ではないでしょう。

日本においては、欧米的な「自由」や「理性」自体が社会的にはマイナーであり、それをも権力的と批判するこれら哲学は所詮、輸入品というべきでしょう。しかし、一種、千年王国的な宗教性を帯びて主張され続けた「左翼的」概念として、あの「非武装中立」を説き、侵略に対しても降伏と無抵抗を主張する絶対平和主義が、実現不可能であっても唱え続けるべきとされた点で、哲学的新左翼と似た位置にあったとも考えられます。絶対平和主義と観念的靖国批判を説いたベストセラー『靖国問題』の著者高橋哲哉東大教授が、J・デリダの研究者として著名であるのも偶然ではないかもしれません。他にも、斎藤貴男氏、森達也氏、武田徹氏など、新しい世代の左翼ジャーナリストにはフーコー以下の哲学者の影響が顕著であり、彼らが人権侵害事件などへ知識人やマスコミを動員する際の理論的支柱として、一定の社会的有効性を発揮しています。

これらセカイ系左翼は、田中愛治教授の分類では、文化的統制をめぐる軸上で、統制「弱」の極み、つまり人権思想や理性尊重が画一的に世を覆うのすら拒む、文化相対主義の左端へ位置づけられるでしょう。あるいは、『フランスの左翼』のドフラーヌの分類では、学生運動や人民暴動など「反抗左翼」へ含まれるといえましょう。

同様に、経済統制をめぐる軸上の統制「強」は、ドフラーヌの分類ならば、ハードな旧ソ連流社会主義であれ、ソフトな北欧流重税福祉国家であれ、二〇世紀の「権力左翼」といえます。そして、政治的統制をめぐる軸上の統制「弱」が、「自由左翼」に該当するわけです。先進国では政治的統制「強」＝全体主義復活は稀でしょうが、権力が人権を侵害する事件などはいつでも起こり得るゆえ、人権派弁護士や市民運動家といったかたちでの「自由左翼」もまた、一定の役割を担い続けるでしょう。

エピローグ 「右―左」終焉の後に来るもの

「イデオロギーの終焉」後の「右」と「左」

現代日本の「右」「右翼」と「左」「左翼」の状況を総覧した今、私たちは再び、本書の第一章の初めへ還ってきたようです。

「右」「右翼」、あるいは「左」「左翼」とは何かについて、イメージや知識を有している若者は多い。しかし、自由市場肯定、ナショナリズム、軍備拡張、また社会民主主義、人権とマイノリティの尊重、非武装中立といった諸思想が、「右―左」という一線上に位置づけられるのかがわからない。そうした状況へです。

「右―左」図式がかくもわからなくなった背景は、もうおわかりでしょう。

第一に、経済、政治、文化、軍事外交のどの分野に関しても、「右」なり「左」なりの価値を、今後その究極まで実現したところにユートピアを見る考えが過去のものとなったゆえです。その結果、「右」や「左」の諸主張は、いずれの分野においても、絶対的に信奉する必要も、絶対的に排斥する必要も認められない、単なる一政策案と化したのです。「右」から市場原理主義を唱える論者も、社会福祉全廃はいわない。「左」の「大きな政府」論者も、全産業国有までは唱えない。「右」「左」共に議会制民主主義は否定しない。文化的にナショナリズム復興を叫ぶ者も、人権思想を全否定はしない。多文化主義者も、国家否定まではなかなかいかない。再軍備論者も、侵略的拡張主義は否定するし、護憲論者でも自衛隊全廃など完全な非武装中立論を主張する者は、ずいぶん少数派となりました。

これはつまり、豊かさ、民主主義、文化的相対主義、平和尊重等が、「右」「左」のほとんどが共有する目標となり、対立はそれを実現、いや維持してゆくにあたってのいろいろな微調整をめぐるものの程度に縮小された現状を意味します。

第二に、「左」なら「社会主義・近代主義・平和主義」で、「右」なら「資本主義・伝統主義・再軍備主義」という政策パッケージが、絶対のものではなくなり、たとえば、新自由主義的改革が、資本主義と近代主義と再軍備主義を組み合わせて登場するのもそう不思議と思われなくなった。

現在では「左」も「右」も、いくつもの政策の束を一つの体系へとまとめあげて、それを極限まで徹底実現した未来をユートピアとして夢見る思想、つまりイデオロギーであるのをやめた。

以上の二点から、こうした状況が露《あら》わとなってくるでしょう。思えばかつて、「左」であれ「右」であれ、一つの思想的立場を捨てる「転向」は、自らのアイデンティティを揺るがせ、人格の危機すら招きました。人々は思想を「生きる意味」の源としていたからです。ある意味「セカイ系」だった。しかし、九〇年代の社民党の安保・自衛隊容認とか、最近の小沢一郎氏の日本型経営肯定は、「転向」とすら呼ばれません。こうした姿勢が変わり身の速さを多少は皮肉られても、現実に対応した政策変更としてまずは受容されてきたのも、社民党の政策パッケージも小沢流新自由主義も、もはや人格とかかわるイデオロギーではないからでしょう。

こうなってしまったら、もはや「自由」「平等」の方向へ歴史を進めようとする「左」と、それに抗する「右」という直線的な図式がわからなくなるのも、無理はありません。今や、左端と右端がある軸自体、経済、政治、文化、軍事、外交と、四つか五つは想定できます。これでは一次元である直線どころか、四次元、五次元です。

「意味に飢える社会」へと辿りついた「左」「左翼」――敵を必要とし続ける思想

こんな現代は、その結果、信じられる価値体系を見失った「意味に飢える社会」（N・ボルツ）となりました。

どう行動すれば正義の味方なのか。どう生きれば善人なのか。イデオロギー、すなわち世界観、価値体系とは、これを教えてくれるものだったはずですから。

もっとも、「右」「左」それぞれのイデオロギーが、この役割をそも充分に果たしてくれるだけのものだったかどうかは実は大いに疑問なのです。

フランス革命や自由民権運動で命を捧げて闘った革命家、社会主義、共産主義、アナーキズムなどの闘士などならば、「左翼」として闘えば、それが正義であり善だったでしょう。こうした「自由」「平等」実現のため身を挺してがんばるのが、「真・善・美」を成すとする考えは、戦後民主主義の下でもかなり浸透しました。

だが、このイデオロギーはどうしようもない限界を孕《はら》んでいます。なぜって、絶対王政とか帝国主義とかファシズムとかいう強大な敵が厳しく抑圧してくる時代ならば、それに抗して闘っている私は正義そのものとしてかっこよく充実するでしょう。しかし、闘いが前進して、敵が倒されてゆき、「自由」「平等」が次第に手に入ってゆくに従い、緊張は緩み「生きる意味」もまた希薄となってゆかざるを得ません。新左翼殊に昨今の哲学的新左翼が、とにかく懸命に、現在ある「自由」「平等」はまやかしで、闘うべき敵や克服されるべき不幸が実は世に満ちていると強弁し続けなければならず、そのための弱者、被抑圧者、被差別者を常に必要とし続け、一種自虐的な史観などを唱え続けねばならないのはこのためなのです。

思えば、「左翼」の発生はフランス革命においてでした。過酷な絶対王政が、「自由」「平等」

を不当に抑圧している事態がまずあった。ゆえに抑圧からの解放はそれだけで当面、必要だったし正しかった。しかし、この解放の思想からは、解放された後、何を基準とするかはなはだ抽象的な議論しか出てこなかったのです

実際、「左翼」思想は、革命が成就して、自由や平等が完全に実現したとき、何が「真・善・美」だと教えるつもりなのでしょうか。おそらくこの答えは、「それは各人へ委ねられる」でしょう。要するに、各個人の「自己決定・自己責任」また、「自己実現」へ行き着くのです。なぜならこれが、「左翼」が理想とする「個人主義」の究極の姿だからですね。

小泉純一郎前首相が、靖国神社参拝を非難されたとき、自分個人の「心の問題」だと釈明したのは、この「左翼」思想の弱点を突いた見事な切り返しだったわけです。

価値や意味、正義や倫理、道徳の基準を、各個人へ委ねてしまい、せいぜい他の個人を侵害しないようにという縛りをかけるだけという「左翼」思想は、確かに一つの一貫した立場だとはいえます。しかし、自由と平等がそれなりに実現した現在のわが国で、早くもその限界は露呈してはいないでしょうか。

「自由・平等」はかくして破綻してゆく

靖国参拝は、首相一人だけでできますから、まだ取り繕いが可能でした。しかし、公立学校

の入学式や卒業式での国旗掲揚と国歌斉唱はいかがでしょう。「左翼」は起立を拒否するばかりで、式典廃止主張はしません。教育自体は、あんな全員参加の式典などなくても可能でしょう。入学卒業の祝いは各人へ任せるべし、学校主宰で全員で挙行するのはファシズムだとなぜいわないのか（東大の高橋哲哉教授はいっています）。これが声高にいわれない限り、国旗や国歌がなければ式典が締まらないという批判にかなわないでしょう。といって日の丸・君が代の代案を考える動きもあまり見えません。

儀式に限らず、教育一般も「左翼」のアキレス腱ですね。各人へ価値を委ねるとしたら、自らの価値をまだ育《はぐく》む以前にある未成年者はどうなるのでしょうか。あくまでも「自由」を尊重し強制を排するのなら、公教育否定しかないでしょう。しかしそうした声はまず聞こえません。かつてマルクス主義的な家永教科書を不合格とした教科書検定を国家権力による教育の統制として全廃を叫んだ「左翼」勢力が、自虐史観批判に立った「新しい教科書」を潰すため同じ教科書検定を頼みとした奇観にも、この矛盾は露呈しています。

さらに成人であっても、それぞれの価値観はそれぞれで樹立すべしという「左翼」思想の要求に応えられるほど自立できた人がどれだけいるでしょうか。たとえば、民主主義の根幹とされ、各自の自由な選択が期待される制度に政治的代表者の選挙があります。最近の日本では、小泉、安倍という人気の高い首相がいずれも三代にわたる政治家の家系から出たのに始まり、国会議員の三割が世襲議員なのです。政策や人格、能力について自分独自の判断をするよりも、家柄で選ぶ。ここでも「自由」「平等」の思想の無理は露わとなりつつあります。

おそらく、「自由」「平等」の思想は、人間が求めるあり方の一面のみしか充たしてくれないのでしょう。縛られず、序列づけられず、個として生きたい欲求と同程度に、人間は、崇敬できる権威から自らの使命を与えられ、世の序列のどこかに正しく位置づけられたい欲求を抱いている。そうされてこそ、人は生きる意味に充たされ、安心立命できるのですから。しかし、「左翼」の思想は、解放闘争の戦列に加わるかたちでしか、この充実を与えてくれないのではないか。

リアクションでしかなかった「右」「右翼」

では、こうした「左翼」の限界をまえに、台頭したといわれる「右」は、はたして「意味への飢え」を充たしてくれるのでしょうか。

自虐史観克服を目指した小林よしのり氏らの運動は、「日本人である私」という自覚をネガティブでなく抱けるようにはしました。しかし、対外戦争が必須なほどの、国家や民族の危機でも来ない限り、「国家」の一員たる自覚が、行動を規律し、人生に意味を帯びさせる場面はそう多くはないと思われます。

思えば、「右」は第四章で詳述したようにフランス革命後、絶対王政という抑圧へのリアクションとして生じた革命的な「左」に対する、さらなるリアクションとして発生したのでした。その根拠は「伝統」だったはずですが、当初の「王党派」ならともかく、その後の「右翼」が「反共」を闘うため、依拠しようとしたナショナリズムや資本主義は、ほとんど近代の革命が生み出した新しい伝統、創られた伝統でしかなかったのです。「王党派」が生まれず、ナショナリズムや対外拡張を掲げた日本の「右」ならばなおさらです。彼らが命を賭けてでも護持しようとする天皇制や靖国ですら、全く近代の産物なのですから。儀式、教育という「左翼」のアキレス腱へと斬りこむにしても、「右翼」が今ひとつ国民の支持を得られないのは、彼らがありがたがる「伝統」が、使命感や序列づけの正しさを、背後から支える権威として崇敬されるには、まだ歴史が浅いゆえでもありましょう。

「右」「右翼」は、「左」「左翼」へのリアクション、カウンターパンチとして、その思想を築き上げた。彼らの根拠たる「伝統」もまたしかりです。「自由」「平等」「友愛」また啓蒙思想の無神論的「理性」主義をフランス革命が掲げたから、フランスの「右翼」はブルボン王家と貴族制とカトリックを護れと結集した。「階級闘争」「インターナショナル」を社会主義者が掲げたから、一九世紀の「右翼」は、「ナショナリズム」へ結集した。自由主義「左翼」が「天皇機関説」を、共産主義者が天皇制廃止を唱えたから、戦前日本の「右翼」は天皇制の神話を絶対視した。戦後日本では、社共の両党や進歩的知識人などの「左翼」が親ソ親支那だったから、「右翼」は親米となった……。

つまり敵の出方によって、護るべき「伝統」は変わってきたというあんまり腰が据わらない相対的なものでもありました。

結局、「左翼」は、いまここにある抑圧や差別、「右翼」はそんな「左翼」の台頭という「敵」と対決して燃えるところに、自らの正しさ、意味を見いだしてきたのです。これは、その「敵」があるから自らの存在理由も生まれるという「敵」依存の生き方ではないでしょうか。

敵を前提として、その敵と闘っている自分たちを正義とする「左」「左翼」、「右」「右翼」の思想どちらも、その「敵」に打ち勝って、平和が実現した後、何が世の中を統べる正義なのかを示すのが困難です。それらは各個人の「心の問題」とされてしまいます。翻っていえば、個人が心を決めかねた際、答えてくれない。生きる意味を教えてくれないわけです。

それでは、この限界を超える社会思想は、ありえるでしょうか。

依存し合う「右」「左」を超えて──今なぜ「宗教」と「民族」か

冷戦終結後、世界を揺るがす動因でありながら、「右─左」という図式では、どうにも位置づけに苦しむ政治的立場があります。「宗教」と「民族」です。

9・11を始めとするイスラム原理主義者が続ける聖戦としてのテロ、パレスチナほかでの自爆テロ。イラク戦後情勢下でのシーア派とスンニ派の対立、アメリカではキリスト教、イスラエルではユダヤ教、インドではヒンドゥー教それぞれの原理主義勢力が、政治の上で大いに台頭してきています。旧ユーゴのコソボ紛争、ロシアのチェチェン紛争、イラクほかのクルド人問題などは、少数民族と近代国民国家の軋轢《あつれき》から起こっています。

テロや紛争といったかたちばかりで我々の目に留まりがちですが、イスラムは中東はもちろん、アフリカ、中央アジア、東南アジアにわたる広大な領域で、近代欧米がもたらした「自由・平等・友愛」を目指す進歩史観とは一線を画する価値体系を護り、社会を維持してきました。諸民族も、自治独立を得られれば、その固有の文化を基とした社会を営んでゆくはずでしょう。

現在、「左翼」「右翼」という図式からは、宗教、民族の闘いは、アメリカの軍事的経済的世界支配へ抗する弱者の戦いであると見て、「左」と捉える見方が主流かもしれません。日本でもオウム真理教事件の際、破防法適用が問題となると、左翼文化人は一斉に反対を唱えたものです。かつての新左翼過激派狩りのイメージで、オウム取締りを「弾圧」と見たのでしょうね。

冷戦の頃、アメリカの物質文明がこれら宗教や民族文化を浸していった時代、旧ソ連や支那が、自陣営＝「左」側と見て支援したこともありました。

しかし、宗教や民族の戦いが勝利したとしても、はたして世界は、「自由」「平等」へと近づくでしょうか。

神仏の権威と聖職者の尊厳を絶対視し、信仰の程度によって人間を序列化し、不信心者、異教徒は畜生、悪魔と考え、神仏の掟《おきて》への服従を当然とする宗教は、本来、「自由」「平等」からはもっとも遠いところにあります。そもそもフランス革命は、王権とともにカトリックの教権を主要な敵としたのです。逆に、宗教から見れば、マルクス主義は、無神論という最悪の不信心者で悪魔の手先でしょう。

民族主義も、対外的にはアメリカへ抗するかもしれませんが、国内的には民族団結の名による全体主義や排外差別主義へ直結しています。

これらを考えるに、宗教と民族主義は、むしろ「右翼」とより近いというべきでしょう。この「反共」性から、ローマ教会もイスラエルも冷戦中からアメリカから西側陣営と結びついたものです。

しかし、「王党派」の頃はともかく、「ナショナリズム」「反共」へと、いわば「左翼」の展開に引き摺《ず》られるように、自らの拠りどころをズラしていった欧米や日本の「右翼」と比べれば、宗教と少数民族はアイデンティティを提供してくれる思想として評価した場合、はるかに盤石ではないでしょうか。

この違いは、近代の「右翼」が、フランス革命以後の歴史の進歩をどこかで否定し切れない思想、すなわちどこかで近代に依存し、従属した思想であるのに対して、カトリック、イスラム、仏教、ヒンドゥー、東アジアならば儒教（これが宗教かどうかは問題がありますが、近代以前の普遍性ある思想として、同列に考えてよいでしょう）などは、フランス革命などよりはるか以前から、いくつもの世紀にまたがって広大な領域の人々へ、生きる意味を供給し続けてきたところから来るのでしょう。

「未来に地上に実現する正義」から「恒に天上から見下す正義」へ

これらの宗教、思想は、個人の尊厳や平等をもすでに説いています。しかし、近代の思想と異なり、それらを至上価値とはしていません。崇敬される聖なる価値を至上とするがゆえに絶対的な正しさを帯びる、さまざまな戒律の遵守、信仰や悟りの程度による序列化、そして近代国家や近代的民族の枠組みを超えた信者共同体の結束（その規模にふさわしい政治単位は、キリスト教を成長させたローマ、諸宗教を傘下で保護したオスマン・トルコ、諸民族を可能な限り平等に支配した一九世紀オーストリアなどの「帝国」かもしれません）などからすれば、「自由」「平等」も「愛国心」もたちまち相対化されてしまいます。

そして、進歩史観によれば、「自由」「平等」は歴史の進展により次第に実現してゆくものであるのに対して、神仏の正義は、俗世から超越したところにあります。キリスト教系の最後の審判は、なるほど未来に到来しますが、それは人類の進歩ゆえではない。むしろ堕落した現代だからこそ下されるかもしれないし、今日か明日かもしれないのです。儒教のユートピアである尭舜《ぎょうしゅん》の治世も超古代でした。歴史がそこへ向かっている保証はない。ただ、その理想モデルに近づく努力は可能で、賢王による善政は目指すべき理想ですが、努力を怠れば、またすぐ暴政や乱世へ堕してゆくかもしれない。

それゆえ、「自由」「平等」が、それが実現へ向かうにつれ、生きる意味、規範としての力を弱めてゆくのに対し、神の国や弥勒《みろく》浄土、尭舜の世は、現世がそこからほど遠い時代には、為《ため》に闘うべき理想とされるし、現世が理想に近づいた時代には、人々の生きる意味を充たす規範となり得るのです。

「右翼」「左翼」って何ですか？からの再出発

フランス革命勃発から山岳（モンターニュ）派独裁まで、数年間の進展。それをモデルとしたかのごとき、その後、百数十年にわたる世界史。

歴史が、「自由」と「平等」がより実現してゆく方向、つまり「左翼」へ向かって進歩してゆき、それへの抵抗、反動のベクトルが「右翼」として立ち現われる。

そうした時代は、奇《く》しくも「右―左」なる図式が生まれた一七八九年から二百年めの一九八九年、冷戦の終結により過去となりました。

「自由」「平等」という近代的価値のみでは、人々の需要を充たすには足りず、近代国家という単位も、普遍性に疑問があるとわかってきた現在、我々にはいかなる社会思想が構想できるでしょうか。

まずは、「右―左」図式が出現する以前、「権威・序列・忠誠」を柱とし、「権威」と「秩序」の公正を保障する普遍性ある巨大宗教（儒教を含む）がそれらを支えた「帝国」の可能性を、もう一度検討すべきでしょう。

思えば、これこそはフランス革命以後近代思想が、主敵と名ざし反抗してきたものでした。「自由」「平等」は、これらの抑圧性を撃つスローガンにほかなりません。しかし、「権威」「秩序」を全て覆してしまったら、産湯とともに赤子まで流すに等しい。正しい「権威と秩序」をはみだした過剰な抑圧、過剰な差別へのみ、「自由」「平等」は主張されるべきなのです。

ですから、今後、近代以前の宗教や思想をそのまま復興すべきだとはいえません。科学技術、殊に交通と通信の驚異的発展、生産力の膨張、また「自由」「平等」を実現させていった結果である、大衆社会、帝国主義、共産主義、ファシズムなどの歴史的経験、これら明暗交錯する蓄積を繰りこみ、新たな千年紀を費やすやもしれぬ普遍的思想（宗教）を構築してゆくべし。

こうならざるを得ないでしょう。

冷戦終結後、十数年経った現在、宗教原理主義と民族主義とが、「自由と平等」思想最大の泣きどころであるアイデンティティの充足という魅力を放ちながら台頭するなか、「右―左」というずっと自明だった図式が、いつしか極めてわからなくなっている。

「右翼と左翼って何ですか？」。この小著が応えようとしたささやかな問い、それ自体もまた、この壮大な企てが始まらざるを得ないことを告げる、一つの兆しではないでしょうか。

参考文献について

本書は、主に以下のごとき著作をベースに執筆された。

第一章は、文中に引用した国語辞典、百科事典、政治学や思想史の諸事典、および年鑑的に刊行される同時代の用語解説を基本としている。

第二章は、フランス革命を、主にマルクス主義、近代進歩主義の立場から概説した幾冊かの啓蒙書を基とした。桑原武夫編『フランス革命とナポレオン』（中公文庫・世界の歴史10）、河野健二『フランス革命小史』（岩波新書）、河野健二『フランス革命』（河出文庫・世界の歴史15）、桑原武夫編『フランス革命の研究』（岩波書店）などである。

「左」「左翼」とは何かを解説するためには、革命政権の「左傾」を革命の「前進」とし、山岳派独裁が倒された後を「後退」「反動」と捉えるこれらの史観が、テキストとしては最適と思われるからだ。こうした史観を過去のものとしつつある近年の研究（タルモン、フュレ、立川孝一氏、森山軍四郎氏など）を著者が軽視排斥するゆえでは、まったくない。これら最新の研究をも視野に入れた概説書としては、F・ブリュシュ他著『フランス革命史』（国府田武訳、文庫クセジュ)、福井憲彦他『アメリカとフランスの革命』(中央公論社・世界の歴史21)を参考とした。

第三章は、ヘーゲルに関しては、『歴史哲学講義』(上下、長谷川宏訳、岩波文庫)、『ヘーゲル』(岩崎武夫解説、中央公論社・世界の名著44)、西研『ヘーゲル・大人のなりかた』(NHKブックス)、城塚登『ヘーゲル』(講談社学術文庫)、難波田春夫『スミス・ヘーゲル・マルクス』(講談社学術文庫)、マルクスに関しては、岩波文庫の翻訳を基とした。章全体としてはJ・ドフラーヌ『フランスの左翼』(野崎協訳、文庫クセジュ)と市井三郎『歴史の進歩とはなにか』(岩波新書)から大きな示唆を与えられた。「自由」については、岡本清一『自由の問題』(岩波新書)、藤原保信『自由主義の再検討』(岩波新書)などを基とした。

第四章は、ジャン・クリスチャン・プティフィス『フランスの右翼』(池部雅英訳、文庫クセジュ)、松本健一『原理主義』(風人社)を基とした。世界史の理解については、井上幸治編『ブルジョワの世紀』(中公文庫・世界の歴史12)、中山治一『帝国主義の時代』(中公文庫・世界の歴史13)、川北稔他『アジアと欧米世界』(中央公論社・世界の歴史25)などが基となっている。他には「共産主義のすすめ」(大宅壮一『無思想人宣言』講談社学術文庫に収録)。

第五章は、松本健一『思想としての右翼』(第三文明社)、松本健一『第二の維新』(国文社)、松本健一『右翼・ナショナリズム伝説』(河出書房新社)が基となっている。『ナショナリズム』（紀伊國屋書店）ほかの橋川文三の著作、色川大吉『近代国家の出発』（中公文庫・日本の歴史21）も参考としている。日本右翼の歴史については、猪野健治『日本の右翼』（ちくま文庫）も参考とした。明治期のフランス革命紹介文献などは、早稲田大学中央図書館の蔵書を利用した。章の後半は、鶴見俊輔＋久野収『現代日本の思想』（岩波新書）の「超国家主義」の章（久野収担当）が基となっている。

第六章は、吉川洋『高度成長』（読売新聞社・20世紀の日本6）、田中明彦『安全保障』（読売新聞社・20世紀の日本2）、大嶽秀夫『再軍備とナショナリズム』（講談社学術文庫）、小熊英二『民主と愛国』（新曜社）、神田文人『占領と民主主義』（小学館文庫・昭和の歴史8）、柴垣和夫『講和から高度成長へ』（小学館文庫・昭和の歴史9）を基とした。その他、磯田光一『戦後史の空間』（新潮文庫）、磯田光一『左翼がサヨクになるとき』（集英社）を参考とした。

第七章は、大嶽秀夫『日本政治の対立軸』（中公新書）、久米郁男他『政治学』（有斐閣）を基にした。猪野健治編『右翼・行動の論理』（ちくま文庫）も参考とした。

エピローグでは、第四章に続いて松本健一『原理主義』（風人社）、また山内昌之『民族問題入門』（中公文庫）を基とした。

あとがき――鳥なき里で蝙蝠は…

右に挙げた文献を一覧すればわかる通り、本書は、新書や文庫を中心とした概説書や入門書ばかりを資料として短期間で書き上げたものです。いずれも入手しやすく何ら専門知識などなくても読めるものであり、いうなれば、本書など誰にでも書けるといえましょう。

では、なぜそんな本を書いたのか。それはただ、「右翼と左翼」「右と左」という対立軸がよくわからない、わかりやすく教えてほしいと訴える読者がかなり存在し、そうした人々の要望に応える手頃な書物がまるでないという「需要」ゆえであります。本来ならば当然、政治思想や政治学、内外の歴史についての学識豊かな専門家、こうしたテーマについて広く深い洞察ができる著述家こそが、この「需要」に応える適任者というべきでしょう。

しかしなぜか、専門家や大家とされる先生方による著がない。先生方はより重要な専門のお仕事でお忙しいのか、あるいは己の学問や思想の奥義を究めないうちは未だ通俗啓蒙書など著するべきでないという厳しい謙抑心ゆえなのか、それとも知的関心に富むごく普通の生活者からの「右翼と左翼」「右と左」を手っ取り早くわかりたいという「需要」をご存じないのか、いずれかでしょう。

一流、もしくはそれに伍する諸賢が著してくれないならば、とりあえずは三流、四流が「需要」を引き受けて、この場をつながなくてはなりますまい。私は、「誘い水」「咬ませ犬」という喩えが好きです。「鳥なき里の蝙蝠《こうもり》」という諺も幼少期より好きでした。「まず隗《かい》より始めよ」なる故事も好きです。「三国志」では、諸葛孔明よりも徐庶が好きなのです。

いずれ、しかるべき学識と洞察力と資格のある先生が、人々の知的欲求のありどころ、「需要」の内容を摑み、『右翼と左翼』を十全に解説した決定版を刊行するまで、代役を務め得る小著を世に出しておく。それが本書の執筆理由です。

国土が侵略された際、緊急の防衛と反撃の任を担って出動し、正規軍が出動するまでの時をかせぐ、地元民で編制された建て付けの悪い義勇ゲリラ隊といったところでしょうか。

しかし……。ふとこんな妄想も浮かぶのです。

もっとも現場に近いところで、高度な戦略戦術理論とかかわりなく、ただ目前の事態へ対応するために編み出されたゲリラ隊ならではのノウハウの蓄積が、いつしか正規軍の職業軍人の専門知の盲点をうがち、新時代の軍事、さらには政治や社会のあり方を拓《ひら》いてゆく可能性は、全くありえないのだろうかと。戦史は、フランス革命期の市民軍、毛沢東、ボー・グエン・ザップやゲバラの用兵などについて、それと近い事実を伝えています。

イタリア一七世紀の思想家ジャン・バティスタ・ヴィーコは、『学問の方法』(上村忠男他訳・岩波文庫)で、彼が考える知の方法の利点を三つ挙げています。一、論点を一方向からでなくさまざまな人々の視点を考慮して論じられる。二、投げかけられた疑問に対して右から左へ即答できる。三、誰にもわかりやすく、説得的に伝えられる。これを充たす彼の知とは、神話や寓話、歴史から故事、エピソードを巧みに引きながら、問題の本質を示してゆく「トピカの知」というものでした。論理を飛ばさず緻密に辿るのを要求するデカルトの演繹知、再現性ある実験による実証を要求するベーコンの帰納知などと比べて、なんとまあいい加減で、あやふやで、その場しのぎの「知」であることでしょう。

しかしです。論理的厳密さ、実証的客観性を担保する方法論にこだわるあまり、非専門家が最も教えてほしい答えをいつまでも返してくれない知の専門家があまりに多い(現に「右翼と左翼」が手軽にわかる本がないではありませんか)。現在、ヴィーコが挙げる三点から出発するもう一つの知の可能性を考えてみる必要がはたしてないといえるでしょうか。

ヴィーコは近代ヨーロッパの知の辺境、ナポリ大学の、それも専門学部ではない教養課程の教員で終わりました。いい換えれば、同業の専門家よりも、若き初心者へ答えるのが彼の仕事の現場だったのでしょう。

デカルトとベーコンが、近代の知の枠組みの原点に位置するとされてきたのを思えば、彼らへ蟷螂《とうろう》の斧《おの》をふるったヴィーコの知は、近代の終焉を超えたところから、お呼びがかかっているのかもしれません。ヴィーコが、思想史に名をとどめる諸家のうちでもっとも頭が悪いとされる挿話とともに、何か勇気づけられる思いがいたします。

二年まえ、『ナショナリズム』『アナーキズム』（共にちくま新書）を上梓《じょうし》した際もそうでしたが、「右翼と左翼」というテーマで著作をすると、おまえの思想はどちらなのだといった問いかけがしばしばなされます。

私は右翼とも左翼とも努めて等距離のところで執筆し発言している。これが答えです。等距離といっても「中道」ではありません。また、いわゆる超越者の客観的視点に立つ意味とも全く異なります。ましてや学術的立場から、思想を屍体解剖し分類標本と化すごとき仕事は、当方から遠いものと思っております。等距離にあるとは、既存の諸思想それぞれの固有性を、可能な限り湊合していった先に、それらのどれでもありどれでもない未来の正統思想（オーソドキシー）を構築してゆく過程を生き抜く決断にほかなりません。

私は右翼であり左翼であり、また右翼でも左翼でもありません。

こうした立場を選んだこと自体、当然ながら言論による思想的かつ政治的な行動です。選んだ私が、右であれ左であれ、他の立場を選んだ諸氏の思想的政治的行動の標的とされるのを引き受けなければならないのもまた当然でしょう。こうした闘いにおいて、「右翼」「左翼」を生みだした近代を根底から問い直す「封建主義」を構想し、幕藩体制復興を唱える呉智英氏の思想的営為は、本書でも著者の大きな背景をなしています。

あとがきの執筆中、多くの進学校で世界史必修のカリキュラムが空洞化していた事実が、大きく報道されました。世界史を、たとえ高校教科書程度であれ学べば、何がわかるようになるのか。本書は図らずもその解答を提示してはいないでしょうか。さらには、世界史を実は履修しなかった学生諸君にとって、本書が「使える」世界史（日本史も）早わかりにもなっているならば望外の幸せです。

以上のように、人々から提起される疑問へとりあえず拙速な解答を紡ぎだす仕事を思想的現場としてきた著者は、読者であるあなたとつながるための回線として、個人ニューズレター「流行神」を不定期刊で発行しています。著者がかかわる講演イベント等も、その誌上で告知してきました。購読希望者は、以下へ問い合わせていただけたら幸いです。

〒170-0002　東京都豊島区巣鴨1-41-7-206　浅羽方・みえない大学本舗
電子メールasaba@piko.to

著者略歴

浅羽通明《あさばみちあき》

一九五九年、神奈川県生まれ。

「みえない大学本舗」主宰。

著述業、法政大学非常勤講師。八一年、早稲田大学法学部卒業。

著書に『ニセ学生マニュアル』シリーズ三部作（徳間書店）、

『天使の王国』『大学で何を学ぶか』（以上、幻冬舎文庫）、

『思想家志願』『教養論ノート』（以上、幻冬舎）、

『澁澤龍彦の時代』（青弓社）、

『野望としての教養』（時事通信社）、

『教養としてのロースクール小論文』（早稲田経営出版）、

『ナショナリズム』『アナーキズム』（以上、ちくま新書）等がある。

幻冬舎新書 1

右翼と左翼

二〇〇六年十一月三十日　第一刷発行
二〇〇七年　三　月二十日　第五刷発行

著者　浅羽通明

発行者　見城　徹
発行所　株式会社　幻冬舎
〒一五一-〇〇五一　東京都渋谷区千駄ヶ谷四-九-七
電話　〇三-五四一一-六二一一（編集）
〇三-五四一一-六二二二（営業）
振替　〇〇一二〇-八-七六七六四三
ブックデザイン　鈴木成一デザイン室
印刷・製本所　中央精版印刷株式会社

Printed in Japan　ISBN4-344-98000-X C0295
あ-1-1
幻冬舎ホームページアドレス http://www.gentosha.co.jp/
＊この本に関するご意見・ご感想をメールでお寄せいただく場合は、comment@gentosha.co.jpまで。